中国中小企业国际合作案例
（2017）

中国人民大学中小企业国际合作案例中心
中国中小企业发展促进中心　主编

科学出版社
北京

内 容 简 介

中国人民大学中小企业国际合作案例中心是中国人民大学和中国中小企业发展促进中心共同创建的首家覆盖全国中小企业的非营利案例研究机构。每年，案例中心师生调研团奔赴全国各地采集企业信息、和企业家面对面对话，并将调研成果整理成案例集出版发行。这一努力是为了通过案例调研的逐年积累摸索中小企业的发展规律，总结中小企业的发展经验和教训。2017 年案例中心师生的足迹在一定程度上记录了当年中国中小企业发展的真实情况，对了解中国企业的成长发展具有重要的参考意义。

本书是高等院校学生的真实案例教程，可作为高等院校国际商务及相关学科的案例教学用书，也可作为中小企业的培训用书。

图书在版编目（CIP）数据

中国中小企业国际合作案例. 2017 / 中国人民大学中小企业国际合作案例中心，中国中小企业发展促进中心主编. —北京：科学出版社，2018.4

ISBN 978-7-03-056969-1

Ⅰ. ①中… Ⅱ. ①中… ②中… Ⅲ. ①中小企业-国际合作-经济合作-案例-中国 Ⅳ. ①F279.243

中国版本图书馆 CIP 数据核字（2018）第 051668 号

责任编辑：郝 静 / 责任校对：王晓茜
责任印制：吴兆东 / 封面设计：蓝正设计

科 学 出 版 社 出版
北京东黄城根北街 16 号
邮政编码：100717
http: //www.sciencep.com

北京中石油彩色印刷有限责任公司 印刷
科学出版社发行 各地新华书店经销

*

2018 年 4 月第 一 版 开本：720 × 1000 1/16
2018 年 4 月第一次印刷 印张：10
字数：185 000

定价：50.00 元

（如有印装质量问题，我社负责调换）

前　言

中国人民大学中小企业国际合作案例中心是中国人民大学和中国中小企业发展促进中心共同创建的首家覆盖全国中小企业的非营利案例研究机构。每年，案例中心师生调研团奔赴全国各地采集企业信息、和企业家面对面对话，并将调研成果整理成案例集出版发行。这一努力一方面是为了建立开放的教学体系，形成与企业紧密结合的人才培养机制；另一方面是为了通过案例调研的逐年积累摸索中小企业的发展规律，总结中小企业的发展经验和教训。可以说，案例中心师生的足迹在一定程度上记录了当年中国中小企业发展的真实情况。

中小企业是中国数量最大、最具创新活力的企业群体，在促进经济增长、推动创新、增加税收、吸纳就业、改善民生等方面具有不可替代的作用。国家统计局数据显示，2016 年末，全国规模以上中小工业企业（简称中小企业）37.0 万户，比 2015 年末增加 0.5 万户。其中，中型企业 5.4 万户，占中小企业户数的 14.6%；小型企业 31.6 万户，占中小企业户数的 85.4%。从行业看，制造业中小企业 34.7 万户，同比增长 1.8%；采矿业 1.3 万户，同比下降 11.4%；电力热力燃气及水生产和供应业 1.0 万户，同比增长 5.9%。在制造业 31 个行业中，中小企业户数占比超过 5.0%的行业有 9 个，分别为非金属矿物制品业（10.0%）、农副食品加工业（7.4%）、化学原料和化学制品制造业（7.0%）、通用设备制造业（6.7%）、电气机械和器材制造业（6.5%）、金属制品业（5.9%）、纺织业（5.7%）、橡胶和塑料制品业（5.2%）及专用设备制造业（5.0%），9 个行业中小企业合计户数占制造业中小企业户数的 59.4%。2016 年中小企业的业绩表现比较平稳，亏损面收窄。2016 年末，中小企业户数为 37.0 万户。其中，亏损企业 4.4 万户，企业亏损面为 11.9%，比上年缩小 1.2 个百分点；其中，中型企业亏损面 12.8%，小型企业亏损面 11.7%。2016 年，中小企业亏损总额 4473.9 亿元，同比下降 6.0%（上年同比增长 18.8%）；其中，中型企业亏损总额 2322.9 亿元，同比下降 4.3%，小型企业亏损总额 2151.0 亿元，同比下降 7.9%。

随着我国经济发展进入“新常态”，中小企业的发展面临着机遇和挑战。我们看到，在当前“大众创业、万众创新”的时代背景下，中小企业作为经济中较为重要而活跃的力量，如何努力创新，摸索自我成长的路径。我们也看到，中小企业如何面对国际市场，以智慧与市场博弈，赢得走出去的空间。我们更看到，无论是本土企业家还是有国际化经验的企业家，他们的哲学方法论基本上都是中国式的，他们都有一颗承担企业社会责任的心。本书收集的案例将从不同侧面讲述企业的故事，有成功的经验，有失败的教训，无论如何，这些故事记录了中国中小企业的2016年。

2016年中小企业仍在互联网转型与应用中寻找突破口。国家提出的“互联网＋”战略，为企业的转型提供了一个可以搭乘的高速列车。互联网为企业生产工艺、产品品质、集约管理、成本管控提供了全方位的武器。即使是在商业模式上，互联网思维也为企业再造商业新模式提供了借鉴。案例企业北京芒果贴科技有限公司的Wi-Fi探针就是一款互联网技术下的新产品。Wi-Fi 探针共分为服务端和客户端两个部分，其中服务端采用的是MongoDB＋MQTT技术，单台标准服务器可服务于几万台探针。探针硬件的体积约为U盘大小，客户将其插上电源，客户端就会通过每个手机所对应的Mac地址来检测人流量，从而得出访客在某时某分来到何处，每位访客逗留的时间，还能了解反复来店的客人的频次。商业客户在使用探针后，即可通过关注微信账号，查询店铺每天、每周、每月的客流情况。这一款产品虽然小且便宜，却服务于许多商业服务业企业，满足了企业客户收集数据的需求。时代造英雄，案例企业北京芒果贴科技有限公司虽然是小企业，产品也小巧，却呼应市场主题，以小取胜。

创新是企业的原始基因。成都硅宝科技股份有限公司不断开发新产品，改进现有产品生产流程。总裁王有治指出，公司除了以市场为导向的技术研发，还进行了并不具有短期效益的战略性、前瞻性的研究，探索未知的技术领域。随着公司的逐渐发展和成长，技术创新变成企业生存和发展的必然路径，只有通过技术创新才能与国际巨头展开竞争，获得市场的主动性。作为一位科研出身的技术型企业家，总裁王有治坚持认为企业价值最大化不能以牺牲企业创新能力为代价，必须以技术创新引领企业发展。

模式创新是最近几年企业家常常提及的话题。贵州贵安金融投资有限公司在贵州省贵安新区的发展中，在新区招商、安商方面不断探索业务模式创新，通过模式创新发展金融事业。过去，开发区常见的招商模式是喝酒招商、土地招商、行政竞争招商。而贵安新区领导的思路是以投资的方式，参股优质企业，从而引导企业落户贵安。新区不仅给予企业政策上的支持和行政上的服务，而且在新区还建立了全方位的金融服务体系，对企业的生产经营实行金融服务全覆盖，使企业安心在贵安发展、壮大。贵州贵安金融投资有限公司在这一思路下，不断进行模式创新，走出了新区发展新路径。

我们看到了一批坚守质量承诺和社会责任的优秀企业家。广明源光科技股份有限公司是世界最大的节能卤素灯研发与生产基地，已经持续多年在节能卤素灯行业排第一位。在产品不断创新的同时，公司重视质量文化建设，推出了具有特色的6S管理和GPS的建设①，进行精益生产。2010年，中国成为世界第一制造业大国，广明源光科技股份有限公司发展的轨迹生动呈现了中国制造业成长的故

① 6S指seiri（整理）、seiton（整顿）、seiso（清扫）、seiketsu（清洁）、shitsuke（素养）、safety（安全）。GPS，GMY production system，广明源生产管控系统。

事，也展示了中国企业的担当。

不仅广明源光科技股份有限公司这样的行业龙头有担当，就是小企业，也有自己对社会责任的理解。广东顺德碧丽源茶业股份有限公司是中国少有的获得雨林联盟认证的企业，生产有机茶叶。雨林联盟认证强调三个基本圈的融合发展，即环境、社会（社区关系）和经济三者要重叠。广东顺德碧丽源茶业股份有限公司在云南建立茶园，帮助少数民族致富，在生产中坚持有机标准，很好地处理了环境、社会和经济三者的关系。自然出好茶，读广东顺德碧丽源茶业股份有限公司的故事就如同品味一杯好茶，自然、朴素中却是不懈的坚守。

大连卡莎·慕玻璃艺术股份有限公司也是以精益求精的工匠精神和不断追求技术的先进性立足的中小企业。该公司创造出中国独有的钡晶质水晶溶质技术，拥有大连市唯一一家硅酸盐工程实验室，并自主研发了300多种彩色钠钙玻璃配方，获得了40多项国家专利。

市场环境每时每刻都在发生变化，对一个作为市场领先者的企业来说，过去成功的战略可能不再适应未来的竞争，面对国内外市场机遇和挑战时，“短平快”的投机性思维并不可取，企业家需要具备“战略性思维”，以谋求长期发展。北京宏福集团从一个村民组成的施工队基础上发展起来，先后创办了北京宏远机械施工公司、基础建筑工程公司、市政工程公司等配套企业，近年又发展养老、海外投资等多项业务，体现了其长期战略。

当我们审视一个又一个案例企业时，会惊讶地发现，多数中国企业家的哲学方法论是中国式的。在哲学范畴中，义与利的关系是：利只有和义放在一起谈，其增长才具有有益、长久和平衡的意义。“义利求发展”——广东顺德碧丽源茶业股份有限公司就是坚持这样的哲学而不断发展。

本书收集的案例《草根儒商》记录了七星家族的创业历史，这是一个七兄弟的创业故事，也是第二代继承父业发展企业的故事。这个家族企业以朴素的儒家文化为基础进行管理，经典地折射了儒家和商业的关系，值得推敲。

2016年，国家提出了“一带一路”倡议，鼓励民营企业“走出去”。案例企业鹤山国机南联摩托车工业有限公司创办于1997年，是一家集摩托车开发、制造与出口于一体的民营企业，公司在拉丁美洲等海外市场的摸爬滚打中积累了丰富的经验，这些经验将服务于未来的“一带一路走出去”。

本书的出版得到了中国特色社会主义经济建设协同创新中心的资助。

本书是中国人民大学中小企业国际合作案例中心推出的第二本案例集，鉴于我们的能力有限，难免有不足之处，请读者多提宝贵意见。

作　者

2017年12月28日

目　录

创新型中小企业发展模式探索
——成都硅宝科技股份有限公司的案例[①]

关权，虞靓，李阳灿，陈鹏

1 引 言

本文通过对成都硅宝科技股份有限公司（简称硅宝）的调研，探索制造业创新型中小企业的发展模式。改革开放以来，我国出现了大批民营中小企业，特别是制造业的中小企业，它们支撑了中国作为世界制造大国的半边天。这些企业有不同的类型，不仅出身或来源不同，组织形式不同，运行机制不同，经营方针也不同，发展战略更不同。从出身看，有的发轫于乡镇企业（或早期的社队企业），有的完全是个人或个人合伙创办，也有的是从集体企业转型而来，也有合并重组的和联合经营的。企业组织形式不同，从大的方面说包含股份有限公司、有限责任公司、联营企业、个体工商户等，也有部分外资或港澳台资本的企业。在各种公司制或其他组织形式中存在各种具体的运行机制，其中也不乏上市公司。运行机制上，有家族经营的，也有合伙制的，还有股份制和个体经营的，不一而足。经营方针和发展战略更是千差万别，各有千秋，有老板一个人说了算的，有群策群力的，还有聘请高级参谋的。

中小企业的发展面临重重困难，因为大多数中小企业面临着完全竞争的市场，在经营中面对的风险远远高于大企业，特别是国有大企业，当然也高于外资企业。因此，成功与失败几乎同时存在，既有一夜暴富的可能，也有随时倒闭的可能。依据发达国家的发展经验，任何一个国家的经济结构当中中小企业都占据绝大多数（超过 90%），它们的成败与大企业一同决定了一国经济发展的格局。

本文重点研究制造业中具有创新能力或通过创新发展的中小企业，因此不论企业的产权或组织机构如何，研究目标都是如何能够提高企业的技术和管理水平，从而做大做强。基于这样的定位，本文首先在第 2 节介绍硅宝的发展经历和成就，以及存在的问题和面临的挑战；然后在第 3 节，结合经济学的理论和国际经验，讨论我国创新型中小企业的发展模式，特别是依据熊彼特的几个创新概念和界定

① 本文得到了中国人民大学中小企业国际合作案例中心的资助。调研由工业和信息化部下属的中国中小企业发展促进中心主任樊颖晖带队，硅宝总裁王有治、董事郭斌等进行了热情接待，在此表示感谢。

进行扩展；最后在第 4 节，通过对比欧美地区和日本各自的企业管理类型，研究我国企业未来的发展方向。

2　成都硅宝科技股份有限公司的成长

在世界范围内，有机硅胶这种化工产品是在 20 世纪 60～70 年代逐渐兴起的新型合成材料，其中美国和德国的几家企业的市场占有率较高，几乎垄断了世界上相当大的市场份额。我国参与该领域是在 90 年代，虽然作为科学技术研究的范畴而言，早在 60～70 年代就已经开始，但由于技术相对落后，信息不完全，以及计划经济理念和作为战略物资的产品局限，市场化程度很低，这也直接影响了有机硅胶的应用范围和技术进步。因为技术进步不仅仅依靠技术创新本身，往往更需要市场的信息反馈，如果存在不足可以及时改进。

硅宝作为国家级高新技术企业、国家火炬计划重点高新技术企业，外有德国汉高公司、德国瓦克国际集团有限公司和美国道康宁公司的技术、信息封锁，内有广州白云化工实业有限公司、杭州之江有机硅化工有限公司的激烈竞争。面临制造业企业与民营企业发展的双重难题，硅宝如何才能从竞争中成功突围，成为有机硅密封胶行业的领跑者？

2.1　品牌：企业的命牌

目前，我国有几百家硅胶企业，但大多数依靠购买配方和技术模仿，真正有科研能力的企业屈指可数。这种现状对于整个行业来说，导致了企业间的同质化竞争，很多企业不得不靠压低价格占领市场份额。企业规模（销售额）越做越大，成本越做越低，但利润却越做越薄，严重限制了企业的发展后劲。品牌是企业的名片，体现了企业的经营理念、企业文化、企业价值及对消费者的态度。在硅宝二十年的发展历程中，从早期的技术模仿到如今的自主研发，从只有几个人的作坊到如今员工数超过 600 人，从成都走向全国乃至在国外开拓市场。作为一家企业、一个品牌，硅宝成功形成了三个特质鲜明的标签：独立自主、企业责任、引领潮流。

国内有机硅技术比国外略晚一些，从 20 世纪 60～70 年代开始研究，这个时期我国处在“三线建设”时期，该领域的技术力量从沈阳、北京、上海集中到了四川。不过，早期都是在军事领域的应用，直到 20 世纪末才开始推广到一般领域。1998 年原晨光化工研究院的部分技术人员创立硅宝，开始生产民用产品，这就是硅宝的渊源。1999 年，硅宝生产的 119 硅酮防火密封胶经公安部检验中心的检测达到 FV-O 级的最高防火级别，这是国内唯一达到该级别的硅酮防火密封胶，技术居国内领先水平。2000 年，硅宝 997 硅酮石材密封胶通过省级新产品鉴定，获得了成都市科技进步奖，这项技术居国内领先水平，获得了国家科技发明专利。2001 年，硅宝牌高速分散真空搅拌机获得国家实用新型专利。这些设备提高了硅酮密封胶的生产效率和产品质量，为我国硅酮胶产品的发展做出了贡献。一路走来，独立自主的品牌精神凝聚在硅宝的血液中，这正是硅宝发展和创新动力的根本。

硅宝用了三个“负责”，即对客户负责，对员工负责，对社会负责来阐释硅宝的经营理念。落实对客户负责的理念，硅宝的客户从成都扩展到全国，参与省内外多个重大建筑项目，并在多个国家建立了经销网络，客户群不断扩大，成为行业的标杆；落实对员工负责的理念，硅宝以对员工“每人一套房、一辆车”的承诺凝聚内部力量，建立了忠诚的员工队伍，在硅宝能时刻感受到员工对企业的归属感与认同感；落实对社会负责的承诺，硅宝连续四年在人民大会堂作社会责任报告，连续十五年人均纳税十万元以上，远远超过同行业很多大中型企业。从军用到民用，从建筑用胶到汽车、医疗等各领域用胶，硅宝的发展紧跟潮流，始终站在市场需求的前端。同时，硅宝积极参与国家“五年计划”的制定，响应国家号召，与国家和时代的脉搏紧密相连。

2.2 创新：动力的源泉

有机硅行业的发展面临严峻的国际上的信息壁垒。企业参观车间往往受到限制与禁止；原料与材料供给被设重重关卡；部分国外公司不愿出售设备或是要价极高，还需签署保密协议。由于行业的特点，国内企业经常面临高端新产品“不知用在哪”“不知配方是什么”的问题，高端领域难以迈入。不过，硅宝二十年的发展始终坚持以创新为动力源泉，作为提升竞争力的保证。硅宝的成长也体现了创新对发展的不可替代性作用。不论是在技术方面，还是在组织和管理、战略等方面，硅宝都体现了对创新的重视与追求。

在技术方面，硅宝立足于现有的技术储备，研发点胶机器人等生产设备，优化生产流程。同时，大力引进人才，培养了一批中青年技术骨干；开发新产品，改进现有产品生产流程。总裁王有治指出，硅宝除了以市场为导向的技术研发，还进行了并不具有短期效益的战略性、前瞻性的研究，探索未知的技术领域。这种对技术创新的执着最初是由于对掌握核心技术的商业本能，但随着硅宝的逐渐发展和成长，技术创新变成企业生存和发展的必然路径，只有通过技术创新才能与美国道康宁公司、德国瓦克国际集团有限公司等国际巨头展开竞争，获得市场的主动性。作为一位科研出身的技术型企业家，总裁王有治坚持认为：硅宝的立业之本是坚持自主创新，坚持技术进步，企业价值最大化不能以牺牲企业创新能力为代价，必须以技术创新引领企业发展。

在组织和管理方面，硅宝重视技术工人培训。同时，在企业内部设置技术工人技能认证评级，这种组织方式一方面激励工人不断提高自身技能和素质，与企业同步成长，保证了企业的持续发展动力；另一方面增强了工人的自我认同感，激发了工人的工作热情和活力。为开拓市场，硅宝结合具体的市场特征，采取设立分公司、经销商加盟、业务员推销等多种营销方式。同时，硅宝积极利用高校和研究机构的智力资源，与四川大学、北京化工大学等高校探索产学研相结合的科研产出体系。

在战略方面，不同于许多企业对于战略的竞争性认识，硅宝认为市场是需要挖掘和开拓的。一方面，硅宝在现有的市场上通过技术创新等手段与国际巨头展开竞争；另一方面，硅宝积极开发新的、未被发现的市场，在新的市场中获得领先优势。硅宝率先将有机硅用于电力环保和汽车制造领域，这种新的市场挖掘是硅宝“弯道超车”实现战略突围的重要举措。

2.3 人才：发展的保障

在高新技术人才方面，硅宝的高层管理人员和核心技术人员多为行业专家和国家标准化管理委员会委员。公司利用成都作为有机硅新材料产业人才聚集地的区位优势，已形成老带新和博士、硕士人才引进加培养的新型模式，以中青年研究人员为研发主体，并聘请行业专家作为科研顾问，为公司科研人员提供坚强的技术后盾。同时，公司通过与四川大学、北京化工大学等科研院校和机构建立良好的合作关系，进行各种项目的合作。经过多年的发展，硅宝聚集了大批具有丰富科研、制造、营销、管理经验的优秀人才。截至 2015 年末，公司已有 193 名本科及以上学历、165 名大专学历的员工，为新技术、新产品的研发、销售、管理奠定了雄厚的人力资源基础。公司自上市以来，人才集聚效应得以强化，已吸引多名行业精英和专业研发人员加盟，公司的人才优势更加明显。

在技术工人管理方面，制造业技术工人萎缩及激励不足是行业内共同面临的难题。董事郭斌表示，就硅宝而言，公司车间的员工一般都是大专或者大专以下学历。公司并不会对他们区别对待，在晋升和奖金方面一视同仁，很多技术工人都尽他们最大的努力去获得“高级技工”的称号，以及一笔不菲的年终奖。公司的员工流动很小，基本上没有人员离职，根本原因就在于企业文化的认同感和激励模式：公司会经常组织活动，外出学习，且对员工关怀备至。公司有“每人一套房、一辆车”的宗旨，只要在公司努力工作一段时间，员工一般都有能力在当地安家立业。目前，硅宝还在积极探索技术工人的技能化、智能化，探索适合技术工人发展的管理模式。

2.4 贸易：突围的号角

布局国外面临颇多难题：跨文化运营过程中文化冲突的难以协调；新型市场

国家的社会环境、经济环境的混乱与动荡；政府、协会层面国际交流渠道的缺失，使得展会、电子商务交流效果难以达到预期；高端领域高精尖产品的空白，高端产品信息的难以获取，使得品牌国际知名度实难提升。不过，公司致力于将硅宝品牌塑造为有机硅材料国际知名品牌，借助“一带一路”的东风，在做好国内市场的同时坚持“走出去”战略。

公司付出了很多努力开拓国际市场：通过开发优质经销商、参加大型国际展会、举办国际技术交流会等方式，提升硅宝品牌的国际知名度；推进马来西亚SIRIM认证工作的开展；通过技术交流会、行业展览会等加大海外市场宣传和市场开拓力度；在印度设立海外测试中心，涵盖东南亚、南亚，辐射中东，为进一步开拓海外市场奠定基础。在此基础上公司取得了不少成就：在澳大利亚、新加坡、印度、迪拜、马来西亚、土耳其、南非、伊朗、马耳他等十余个国家和地区实现批量销售，国外市场布局形成雏形；公司产品先后获得CE、UL、TUV、D&B、ASTM、EN1279等国际认证。

3 创新型中小企业发展模式

3.1 硅宝面临的问题和挑战

从硅宝的发展历程看，总体上是十分成功的。不过我们也发现，尽管硅宝目前发展顺利，但也面临不少问题。这些问题既包括企业自身的局限，也包括市场存在的问题，更包括政府的监管问题。其实，硅宝面临的问题在我国大多数行业中都存在，大致有如下几个方面。

第一，企业的发展需要健康的市场条件。通常有以下两种情况：低端泛滥和高端不足，低端市场存在大批企业，高端企业却寥寥无几。换言之，在低端市场存在恶性竞争的情况，给市场造成了严重的负面影响。一方面，导致低价低质，对客户不负责任；另一方面，造成劣币驱逐良币的现象，很多企业为了生存不得不向低端看齐。这需要市场的整合，整合成几个具有较大规模的高效率的企业。

第二，当今的市场在很大程度上需要政府进行干预。由于我国市场经济实行的时间比较短，还有很多不规范的方面，这些方面有的需要立法进行约束，有的需要政府出面进行调节和整合。例如，上述恶性竞争问题，需要政府出面协调，对具有良好口碑和信誉的企业进行整合，或者适度地进行兼并。发达国家的很多行业都是由几家具有创新能力和竞争力的企业占据较大的市场份额，而不是无序竞争。

第三，企业的经营管理问题。虽然硅宝现在做得不错，但也面临整体管理和人员素质等方面的问题。例如，员工的技能培训和职业精神问题，需要国家整体上有明确的规定和具体实施办法。计划经济时期，我国实行八级工资制，工人通过技术熟练和经验积累可以向更高级的方向努力，这为工人的技术发展提供了制度条件。改革开放以后我国取消了这种制度，现在基本没有国家统一的规范的工人技能标准，也没有与工资挂钩的技术考核制度，这对于制造业企业来说是十分不利的，值得高度关注。

本文研究和总结了中国改革开放以来制造业中小企业的发展模式，主要关注两个方面：一是行业发展中的市场和创新之间的关系；二是企业的经营管理模式。前者涉及几个理论问题，如行业的发展是依靠技术创新推动，还是依靠市场需求拉动，即“技术推动”和“市场拉动”两个假说。后者主要是经验问题，如现代企业的管理主要被划分为欧美体系和日本体系，我国企业应该向哪种体系靠拢，还是自成体系。这里，先探讨我国目前制造业企业的分布和格局及特征和问题，然后结合熊彼特关于创新的理论和界定，研究行业发展与创新的关系。关于企业的管理模式问题将在第 4 节进行讨论。

3.2 我国制造业企业的类型

经过三十多年的发展，我国的制造业已经发展成为世界工厂或世界加工厂。虽然不能说，中国目前真正成为为全世界提供工业产品的制造厂，但的确很多大宗产品是由中国制造的，至少其中包含中国制造的因素。这不仅包含绝大部分的初级制造品，如食品加工和纺织、服装，也包含大部分的基础工业，如冶金、化工、机械，甚至包含很多高精尖产品，如电子和武器。这些成就除了计划经济时期打下的部分基础之外，更多的是通过改革开放以来的引进和消化吸收外国先进技术，以及独立的研发实现的。

改革开放以后之所以能够实现这种跨越式的发展，除了政府的很多政策具有一定效应之外，更多的是通过市场实现的，因为市场能够更好地分配资源，包括资金、物资、劳动力和信息。同时，也由于中国处在改革和发展并存的时期，同时存在几种不同所有制的企业类型，它们是国有企业、民营企业、外资企业。这里没有包括集体企业是由于经过多年的改革，集体企业已经变得微不足道了。这里的民营企业是广义的，包括股份有限公司、有限责任公司等企业和更小的中小企业或小微企业，有时也包括部分个体户，乡镇企业也属于该范畴。就工业而言，上述大范畴的三种企业类型各自占据了较高的比重，包括销售额、雇佣人员、资产、利润等指标。国有企业在资产上具有优势，民营企业雇用了更多的劳动力，外资企业主要是技术优势。

从另一个角度观察，可以将民营企业分成两类：一类是具有潜力和前途的中坚力量，它们有希望进一步发展，有的可能发展成行业的领头羊企业，有的甚至会成为国际化的大企业；另一类则是较低水平的大众型的企业，它们大多生产一般性的或传统性的产品，长期维持基本生存，有时甚至处于危险中。前者显然是少数，而后者是大多数，我们这里重点讨论的是前者。

从制造业看，很多较高端的技术被国有企业和外资企业掌握。因为一些复杂的技术是相互联系的，越是复杂的技术，技术与技术之间的联系越多。例如，汽车的生产技术是一个十分复杂的体系，不仅要有金属材料（钢板）的技术，还要有橡胶（轮胎）的技术，也要有玻璃的技术和电子设备等技术。生产汽车就是要将这些相互看上去并不直接相关的技术联系起来，而且在联系过程中也需要技术，就是组装技术。这类工业被称为组装工业，如造船、机车、手表等。此外，如电子工业属于模块化生产结构，每个零部件相对独立，自成一体，只要按照各自的作用安装就可以运转，在安装过程中不需要技术，计算机是典型的模块化技术。

还有一种工业技术，就是装备制造业，包括大型生产设备的制造，如矿山机械、运输机械、自动化生产设备等。这些技术本身的特点决定了生产企业要具备相当大的规模和复杂的设备，包括相应的技术人员。再有一种工业属于基础材料，如化学工业、冶金工业等。这些工业属于规模经济型工业，也就是越是大规模生产越具有竞争优势，这就需要具有相当规模的资本。

不论是哪一种技术，越是复杂的技术对资本设备和人力资源的要求就越高，且会要求更多装备。因此，在我国这些工业大多以国有企业为主导，民营企业很少参与，即使有所参与，也属于配角。例如，钢铁工业中有不少民营企业，但是与宝钢集团有限公司、鞍山钢铁集团有限公司等大型国有企业相比，它们显然处于劣势。

另外，目前中国还有一些行业没有对民营企业完全放开，这也决定了民营企业可从事行业的局限性。除了大部分生活用品或消费品，民营企业更多地生产相对低端的资本品或零部件。当然，并不是说民营企业都如此，电子通信、计算机等部门就有很多民营企业，其他领域也有很多，如华为技术有限公司、联想集团、海尔集团等。这正是我们要讨论的话题，我们的基本主张是，应该开放更多的领域让民营企业进入，做大做强，就像华为技术有限公司那样。

就制造业而言，大多数民营企业由于缺乏技术和管理，只能生产那些在技术和质量上要求不高的产品。这就出现一个问题：如果说外资企业和国有企业占据较高端的市场，大多数民营企业填补低端市场，那么中间的市场由谁来做？当然，民营企业中较好的企业事实上承担了这个任务。我们的问题是，这个任务完成得不够好，或者说还有很大的空间。如果说完成得并不好，责任并不完全在于民营企业，也与国家的政策和导向有关。政府应该引导和扶持好的民营企业向更广阔的领域进军，这个广阔的领域既包含现有的市场，也包含需要开拓的新市场。

我们将民营企业分成两类：一类是主要生产传统市场需要的企业；另一类是生产新型市场需要的企业。前者不是我们讨论的重点，后者担负着重要责任。它们可能成为新型市场的开拓者和推进者，我国最需要的是这类企业，因为很多新的产品和工艺需要有人研发，新的市场和组织需要有人创新。

以上基本主张是希望中国的创新型民营企业做大做强，即使不做大也要做强。我们认为它们肩负着未来中国制造业发展的重任，原因如下：第一，由于国有企业的固有局限，很难在所有领域都发挥它的作用，特别是那些需要竞争的行业。市场本身具有无限性，只要有企业家精神和技术可能性，就有可能生产出前人想不到的产品。第二，国有企业现在占有优势的领域，将来可能需要转型和放权，到时候需要有实力的民营企业接盘或接手。这一方面要看国家和政府的政策导向；另一方面也要看民营企业的实力。第三，新的市场或新的领域需要有新型的企业开拓和扩展，这方面基本上不适合国有企业，民营企业应该发展壮大，与外资企业进行竞争。特别是那些不需要更多资金和不具有规模经济性的行业，民营企业具有天生的灵活性和机动性。第四，未来中国需要更多真正具有实力的跨国公司，其中不仅应该有民营企业的身影，而且应该以民营企业为主。要想在国际市场上站稳脚跟，首先需要在国内市场上占据制高点。因此，应该培育出更多的具有国际视野和经验的民营企业，使之成为能在国际上发挥影响力的企业。第五，在很多领域都需要强而不大的企业，它们可能并不大，但拥有独特的技术和管理方法，能在瞬息万变的市场和技术进步中永葆青春。其中一类是为大企业生产零配件的企业；另一类是独立生产完成品的企业。总之，我国还缺少上述类型的具有创新能力的民营企业，今后应该加强这方面的工作。

3.3 熊彼特创新理论的意义

本文研究的是创新型企业的发展问题，通过创新与市场的关系进行研究。经济学对于创新已有很多研究，这里主要围绕熊彼特对于创新的几个定义和假说，结合我国的实情做一些讨论。我们知道，熊彼特是创新经济学的创始者，不仅提出了创新的概念，还做了具体的界定。早在 100 多年前，熊彼特就提出了“新结合”的概念来界定创新。新结合，指的是将某些技术应用到新产品、新工艺、新产品的市场、新原料供给地的开拓和新组织的革新五个方面，使之提高企业的竞争力。我们将前两项称为“技术创新”，将第三项和第四项称为“市场创新”，将第五项称为“组织创新”。我们还将这几种创新称为“传统型创新”，原因是它反映的是 100 多年前的情况，虽然在今天也依然具有意义。当今的经济发展已经不能单纯用这几种创新进行解释，第二次世界大战以后，科学技术和世界经济格局都发生了巨大变化，跨国公司的兴起、国际金融的普及、全球化的进展等都对经济活动造成了巨大影响。我们在熊彼特五项创新的基础上追加了如下几项：新信息的获取、新人才的获得、新融资渠道的开拓、新企业边界的扩展、新战略和新思维。当然，也可能还有其他涉及创新的内涵，这需要在实践中逐渐摸索和在新的市场变化中寻找[①]。

回到上面的新结合，如乔布斯将各种已经开发出来的技术结合到了手机上，发明了现在流行的智能手机，不仅可以打电话，还可以听音乐、上网、拍照等，一部手机具备了多种功能，实现了多种技术的结合。如果用上述熊彼特的界定衡量，这种手机的开发属于新产品，生产这种手机的生产就是新工艺，这种手机的销售就是新市场，可能需要开发原材料和半成品，同时可能需要对企业的组织进行创新。除此之外，还可能需要新的专业人才，新的融资渠道，新的信息，新的企业定位，新的行销手段等，这就是我们对熊彼特的补充。

熊彼特的另一个重要的概念是“创造性破坏”，按照他的说法，这是资本主义能够长期发展的根本动力。他还对企业家做出定义，将其与普通的“经济人”区别开来，也就是具备进行创造性破坏能力的人才是企业家，而创造性破坏本身就是创新活动。现实中，不论是资本主义国家，还是其他市场经济国家，企业的生生灭灭是经常的事，每天都有很多企业破产，也有很多企业出现。这当中总是有些企业具有活力，能够从小到大，从大到强。

具体到创新与市场的关系，国际上关于一个行业的发展存在“技术推动”和“市场拉动”两种假说。前者认为，行业的发展是由技术创新推动的，也就是一些行业本来并不存在，是由技术的研发和普及开拓出的市场。后者则主张市场已经存在，在发展过程中市场的需求和规模作用更大。显然，这二者分别适用于不同类型的市场，前者适用于新型行业的市场，后者则适用于传统行业的市场[②]。

还有一个关于创新的理论，就是“熊彼特假说”，即垄断性大企业具有创新优势，竞争性小企业不利于创新。关于这个假说在国际上也存在很大争议，有各种研究成果，有的认可这个假说，有的反对。我们认为这与上面的话题相似，需要根据行业和市场的特点进行区别，不能一概而论。有些行业属于垄断的，因此大企业占据绝对优势，从而成为行业领导者；有些行业则不同，它们由众多的中小企业构成，这种行业的创新大多由中小企业完成[③]。

我国的制造业，特别是制造业的中小企业面临诸多的挑战，其中之一就是缺乏创新。除了技术创新之外，还需要在市场开拓、人才培养、资金运作、市场营销、组织制度、发展战略等各方面进行创新。而创新并不是一件容易的事，各种因素的限制导致了企业既缺乏创新的动力，也缺乏创新的能力。动力方面不仅包

---

① 关于熊彼特的创新概念和定义，参见熊彼特（1990），73～74 页。关于新型创新概念，参见关权（2014），270 页。

② 关于“创新拉动”假说，参考熊彼特（1990）；关于“市场拉动”假说，参见 Schmookler（1966）。关于这个争论，参见 Coombs 等（1987）。关权（2003）研究了第二次世界大战以前日本发展的经验。

③ 关于熊彼特假说，参见熊彼特（1999）。Kamien 和 Schwartz（1982）、Baldwin 和 Scott（1987）对这个问题进行了全面的梳理。关权（2003）用第二次世界大战以前日本的数据进行了检验，否定了熊彼特假说。

括市场的混乱，也包括企业自身的经营理念；能力方面则包含多种因素，如缺乏技术储备，缺乏人才培养机制，缺乏市场观念，缺乏战略眼光，都会造成创新难的局面，这需要企业具有熊彼特所说的“新结合”的能力和“创造性破坏”的精神。

4　中小企业管理模式的探索

随着我国改革开放和经济的发展，中国已经成为世界制造业的大国，但是中国企业在国际上的地位和影响力并不很大。虽然有不少中国企业走出国门，在很多国家投资，但真正有影响力的跨国公司并没有出现。这除了因为我国制造业走出去进行投资的并不多，还因为我国企业并没有一套独立的在国际上受到尊重的管理方式。这里参考日本的经验，进行一些讨论。

自 20 世纪 90 年代初，同处东亚的中国和日本在经济方面发生了较大的变化。一方面，日本陷入超过十年之久的低迷状态，至今不能自拔；另一方面，中国实现了超长期的高速增长，一举成为第二经济大国。在这种情况下，两国必然会出现一些认识上的不同。日本在积极反思过去高速增长时期的一些制度和政策是否适合当今时代。例如，日本式经营管理模式和日本政府的政策是否还有效果？而中国在改革开放中收到成效后，进而更加强调市场经济和开放的意义。如果说过去日本的体制比较传统，而中国曾经是计划经济主导的体制，那么二者都在进行市场化的改革。也就是说，中国和日本虽然出发点不同，却不约而同地向着进一步市场化的方向前进。其实这种状况并不仅仅局限于中日两国，这也是 90 年代以来世界经济的一个潮流。社会主义阵营暴露了很多经济运行上的弱点，美国经济的一枝独秀，以及西欧和日本的止步不前，都加强了这种趋势。但是这是否意味着美国的体制和制度无懈可击、永远正确呢？

在日本，关于日本经济和企业管理模式，一直存在是否应该以美国为样板的争论，而这种争论往往没有结果。当日本经济状况较好时，赞成日本模式的主张就占上风。相反，当日本经济出现问题而美国经济较好时，主张按照美国方式改进的观点就成为主流。在 20 世纪 60 年代高速增长时期和后来的一段时期，前者不仅成为主流，甚至成为其他国家效仿的样板。迈克尔·波特等指出：“美国在西方是第一个积极效仿日本的国家。”我国在 80 年代改革初期，也从日本引进了很多制度和政策，如实行全面质量管理、采用丰田生产方式、建立开发银行、实施产业政策等。然而，进入 90 年代以后，随着日本经济的低迷和中国经济的崛起，以及美国经济的稳定增长，日本社会出现了向美国经济体制靠拢的倾向，这当然也影响到了包括中国在内的其他国家。我国就出现了鲜明的“美国情结”，从公司治理到宏观调控，从引进经济学教科书到学习美式英语，无不充斥着美国版的复制品。在很多中国人眼里，似乎只有美国才值得我们学习。

从中国角度看，向一个更好的体制和制度学习是理所当然的事情，也在情理之中。当年日本也同样如此，在第二次世界大战以前，从英国、法国和德国等国家引进了很多制度和政策，第二次世界大战以后转向学习美国。不过日本并没有完全照搬，它结合自身的条件创造出了很多独特的制度和政策，如我们所熟悉的企业管理模式和政府行为模式，这些制度和政策的确为日本后来的发展做出了重要贡献。这就引出一个问题，我们在向别人学习时是否能够边学习边创新，而不是照猫画虎。日本当年做到了这一点，虽然后来日本的制度又遇到了问题。

然而，要做到边学习边创新绝非易事，它需要适当的条件和能力，在这里统称为“社会能力”。这个概念是著名经济学家西蒙·库兹涅茨针对日本当年追赶欧美的情形提出的，但是他并没有给出具体的说明①。在这里，结合我国的情况作一些讨论。

我们认为“社会能力”的一个主要侧面是人的能力，也就是通常所说的人力资源，这个方面又可分为微观和宏观两个部分。微观方面，从经济活动角度看，在于企业。而企业当中又可分为企业家、管理人员和技术人员以及工人三个层次。宏观方面主要是教育，这往往跟政府行为密不可分，这里省略不谈。

从企业角度看，首当其冲的是企业家。按照熊彼特的观点，只有具有创新意识和能力的经营者才算企业家，而企业家是进行“创造性破坏”的主体，没有他们就谈不上创新。然而，企业家和企业家精神需要一个自由而有规则的经济环境，同时也需要一个鼓励人们自主创新的社会环境。建立一个能够为企业家提供创新的经济和社会环境至关重要。目前我国创业者不少，企业的经营者也不少，而且其中不乏佼佼者和优秀分子。不过，我国实行市场经济时间较短，法律法规和制度、规则不够完善，以及教育体系和理念的僵硬，真正有创新意识的企业家少之又少。

管理人员和技术人员是一些受过专业训练的人，是企业创新的具体执行者。他们往往决定着企业创新的成败，因为这些处于企业中层的人员肩负着双重任务：一是上传下达；二是具体决策。也就是说，大的事情由他们传达给一线工人，小的事情由他们决策。他们的素质和积极性直接关系到企业日常运行的好坏和长远规划的实施。他们当中的技术人员应该是企业技术创新的主力军，然而现实情况是，我国企业的技术创新严重缺乏，绝大多数企业几乎没有创新活动。这不仅说明企业技术人员的水平有限，还说明企业经营者的管理理念落后，如果企业的经营者没有创新理念，技术人员当然也就无法从事创新活动。

工人通常不会被作为创新的主体，因为人们只看到那些具有重大意义的创新，而不把那些较小的甚至看不见摸不着的技术改进看成是创新。实际上对于企业来说，创新并不只是那些大的技术进步的引入，更多的是小改小革，即通过“干中

① 西蒙·库兹涅茨的原文，参见 Kuznets（1968），日本学者南亮进针对日本的经验进行了发挥，参见南亮进（2002）。

学”的方式进行的创新。这些小的改进绝大多数是由一线工人发现并完成的。如果这些工人不具有一定的业务熟练程度和积极进取的精神，以及对于企业的忠诚，这些小的改进是不会出现的。我们很多企业的工人上班盼着午休，午休盼着下班，他们对企业的事情漠不关心，只关心自己的工资和奖金。

以上，我们分别讨论了企业的经营者、管理人员和技术人员、工人三个层次。在一个企业内部，这三者结合在一起就构成了企业的全部，那么他们之间的关系和地位、分工及责任等的不同安排会直接影响企业的效率。这在各国不尽相同，图 1 表示了日本和欧美（中国）企业的人员关系。从图中可以看出，欧美式的特征是分离性的，即企业的经营者、管理人员和技术人员、工人是明确分开的。他们的任务、责任、收入、地位等都有较大差距。与此不同，日本企业三者之间的差距较小，管理人员和技术人员以及工人有更多机会参与企业的日常决策。从技术创新角度看，欧美企业更倾向于由专业人员从事创新，而工人往往不太参与。日本企业则不同，虽然在大企业更多的技术创新也是由专业人员负责，但是由于它们与工人的关系紧密，通过现场实践的创新会更多一些，或者从现场会有更多的反馈信息帮助专业的创新人员从事创新。

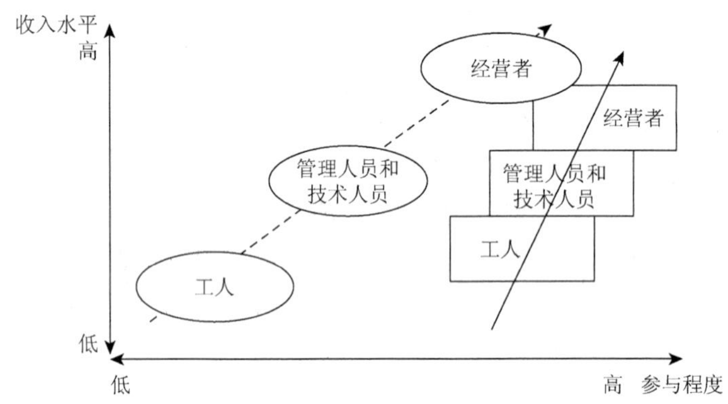

图 1　日本和欧美（中国）企业的人员关系

改革开放四十年来，我国企业实现了长足的发展。大多数国有企业从计划经济下的工厂通过改制等方式变成了公司，成为市场经济条件下的企业。尽管我国大多数企业还不够成熟，还没有一套属于自己的管理模式，但是通过大力引进西方国家的尤其是美国的公司治理模式，已经取得了可喜可贺的成绩，这一点是有目共睹的。那么，是不是我们只要引进和模仿西方国家的现代企业管理模式，只要跟国际接轨就能够获得成功呢？在此持怀疑态度。如果我国企业在引进和模仿西方模式的过程中不能有所创新，那么未来是令人担忧的。这里的创新是指按照我国的国情对西方模式进行修正。

日本企业之所以获得成功，就是能够及时地创造出一套适合于自己国家传统文化的经营管理理念和方法，即日本式管理模式。可以说日本独特的经营管理模式，从企业这个微观层面上支撑了日本经济的高速发展。尽管 20 世纪 90 年代以来，这套管理模式遇到了挑战和考验，需要进行改进和补充，但它仍然具有其自身的合理性。因为这套模式并不是从外面生搬硬套的或是通过外力强加的，而是企业自身经过长期摸索和总结得出的，是十分珍贵的制度和组织创新的成果。

那么，对于中国企业来说，能不能创造出一套适合于中国国情和文化的管理模式呢？对于中国来说未来存在两种可能的经营管理模式。一种是图 2（a），或者埋没在美国型模式中，或者接近于日本型，也可能兼而有之但没有自己的突出特点。另一种是图 2（b），能够区别于现存的美国型和日本型，形成一个独立的模式。那么，我们是不是有必要这样做，且怎样才能够实现这种模式呢？

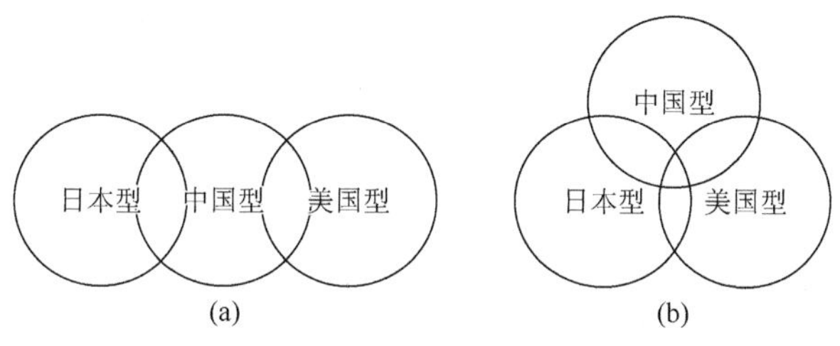

图 2　管理模式的可能性

资料来源：关权，2004

5 结　　语

本文研究了我国制造业中小企业发展模式问题，该问题主要是通过针对硅宝这个案例提出的，进而结合传统的经济学理论和其他国家的发展经验进行分析。根据调研发现，目前我国制造业中很多中小企业都面临着相似的问题，即如何突破技术和市场的关系。

这里所说的市场指的是某个行业中的高端市场，至于低端市场已经实现了零的突破，甚至出现恶性竞争和饱和的现象。然而，高端市场依然存在技术供给不足和新产品开发不够的现象，而这些市场是支撑我国未来发展的重要部分。如果没有相应的技术开创出新的市场，或者抢占早已被发达国家大企业占领的市场，就不可能实现下一步的发展。这条路很漫长，还需要更多好的企业扎扎实实地做。

目前，中国制造业中的一个重要问题是低端市场的恶性竞争。很多企业并不进行自主创新，不论是产品创新，还是工艺创新，乃至组织创新，而是模仿和照搬别人的东西，有的甚至连照搬都不采用，而是将别人辛苦创新做出来的产品、工艺、组织直接拿过来使用。更有甚者，干脆采取非法手段或者窃取他人成果，或者利用低价格占领低端市场，以获取利益。即使他们获取的利益并不高，但成本低廉，对行业、市场、企业的正常发展造成了巨大伤害。此时需要政府出面或者通过立法的形式，或者通过有关部门的监管，规范市场并整顿市场。该问题与环境污染几乎同出一辙，十分相似。有的属于法律标准不高，给投机者以可乘之机；有的属于政府监管不到位，有意无意地让某些投机取巧的人钻了空子，造成了劣币驱逐良币的不良现象，给正常的市场环境造成了严重的伤害。

我们呼吁，政府应该加大力度，或者通过立法的形式，或者通过行政手段，严厉打击这类违规违法的投机行为。同时，鼓励和扶持能够做好创新工作，带动行业发展的信誉良好的企业。创造一个公平、规范的市场环境。只有这样，中国的市场才能繁荣，企业才能做大做强，技术更上一层楼，中国的竞争力才能得到提高。

参 考 文 献

关权. 2003. 近代日本的创新：专利与经济发展[M]. 东京：风行社.

关权. 2004. 中国企业的未来取决于创新[J]. 中日产业经济论坛：报告.

关权. 2014. 发展经济学：中国经济发展[M]. 北京：清华大学出版社.

迈克尔·波特，竹内弘高，榊原鞠子. 2002. 日本还有竞争力吗？[M]. 北京：中信出版社.

南亮进. 2002. 日本经济的发展[M]. 北京：经济管理出版社.

熊彼特. 1990. 经济发展理论[M]. 北京：商务印书馆.

熊彼特. 1999. 资本主义、社会主义与民族[M]. 北京：商务印书馆.

Baldwin W L，Scott J T. 1987. Market Structure and Technological Change[M]. Chichester：Harwood.

Coombs R，Saviotti P，Waish V. 1987. Economics and Technological Change[M]. London：Macmillan.

Kamien M I，Schwartz N L. 1982. Market Structure and Innovation[M]. Cambridge：Cambridge University Press.

Kuznets S. 1968. Notes on Japan's Economic Growth[A]//Klein L，Ohkawa K. Economic Growth：The Japanese Experience since the Meiji Era[M]. Homewood：Richard D. Irwin.

Schmookler J. 1966. Invention and Economic Growth[M]. Cambridge：Harvard University Press.

搭建良好金融生态招商安商
——贵州贵安金融投资有限公司

徐晓云

1 引 言

2016年春天，中国人民大学国际商务专业硕士的同学们跟着老师到贵州省贵安新区学习调研。汽车开在十二个车道的贵安大道上，窗边掠过的是层次丰富的园林绿化，空气干净湿润，天边云卷云舒。同学们都觉得很惊讶，也很恍惚，这是在哪里？同学们参观了现代化的楼群、气派的工业园区、花园般的大学城，还有美丽的瑞士小镇、仙境般的云漫湖景区，最后同学们来到了还在二层简易板房里办公的贵安新区开发投资有限公司（简称开投公司）。见到开投公司的董事长宗文，同学们不禁感慨：贵安新区真是有后发优势啊，建得那么新那么好!但同学们也发出了疑问：这么好的新城，谁来住？谁来用？

宗文说："你们看到的是城市硬件，是自然生态，接下来安排同学们去贵州贵安金融投资有限公司深入调研，看看贵安新区的金融生态建设，你们就会得到答案啦!"

在此之后，中国人民大学的师生在贵州贵安金融投资有限公司（简称贵安金投）副总经理黄冬梅的安排和陪同下，去贵安金投调研访问多次，见到了贵安金投的董事长、总经理、部门领导等，与各子公司和各基金的领导进行了座谈，也与基金和公司的年轻人举行了联谊活动。在贵安金投的调研中，同学们听到得最多的就是"领导班子很重视金融这一块"，那么到底为什么重视金融这一块呢？金融、金融企业、金融街，这些词汇对同学们来说不仅不陌生，而且正是这些年同学们最热衷讨论的内容。但是，他们都是从就业者的视角去看。现在，从一个新区的设计者、开发建设者的视角去看，尤其是在国家强调金融要普惠，金融要为实业服务的今天，去了解金融生态的建设，有着不一样的意义。

2 良好的金融生态全方位服务于新区招商、安商

2014年1月6日，国务院印发了《国务院关于同意设立贵州贵安新区的批复》

（国函〔2014〕3号）同意设立国家级新区——贵州贵安新区。这是继第一个国家新区——上海浦东新区建设以来，国务院批准建立的第八个国家级新区。

如何建设好新区，直接关系到国家新常态下能否实现工业化、城镇化的快速发展和顺利转型。作为中国改革开放的成功实践，优秀的新区建设能够大力引导产业集聚，改善投资环境，促进体制改革。然而新区建设并不仅是拆迁修路，盖房供电。如何有效地招商引资才是核心。建设好完善的基础设施，并不能实现对企业强有力的吸引。一些宏伟的产业规划，也越来越不能让企业看到实在的利润。不少区县大兴土木建设工业园区，但是增长的引擎总是发动不起来，陷入“征地建设—招商引资—闲置撤离”的恶性循环。“踏遍千山万水寻项目、说尽千言万语谈项目、经历千难万险招项目、吃尽千辛万苦落项目”，尽管这样，还是总有“鬼城园区”见诸报端。

总结失败的园区建设，原因多样，但往往都表现为招商不力，安商无法。为什么会这样呢？第一，优质商家供不应求。各种园区一哄而上，园区多而优质商家紧俏。各地“抢商”竞争日趋白热化，政府为吸引项目落户，使出各种招数吸引商家，导致商户多地比选，抬高落户门槛，增加项目落地成本。甚至出现专业招商中介，联合商家多地落户，瓜分落户资金。第二，招商无序凌乱，难以形成外部经济。为了尽快招来商家，各地园区领导和干部各施拳脚，各展身手，利用不同资源招来不同商家，很难形成地区特色，享受集约发展带来的外部经济优势。第三，招而不安，生产经营开展不顺，企业“发育不良”。企业的生产活动，不是一个厂房一套设备就能解决的，而是需要持续的流动资金支撑和优良的劳动力市场储备保障的，否则即使企业一时开张，也难以发展壮大。有不少园区到处是封条，企业闹哄哄来，闹哄哄去，政府前期的建设投资，无法从优质税源中获得回报。

贵安新区的志向是高远的，不仅要招商，还要招好商，招大商。贵安新区人文生态环境良好，历史文化悠久，气候凉爽宜人，森林覆盖率达42%，屯堡文化、原生态文化绚丽多姿，红枫湖、百花湖、天河潭、平坝农场等著名景区分布其中。新区决心要建立一个生态文明示范区，不辜负祖国的大好河山，所以淘汰产能、污染行业、过剩产能是绝不引进的。按照新区的规划，新区建设将围绕五大板块进行：大数据中心、新能源制造中心、高端设备制造中心、大健康中心、文化娱乐中心。这些板块，代表着先进的生产力，代表着社会发展的方向。那么问题来了：贵安新区靠什么把这些先进的企业、优质的企业招进来呢？

总结过去政府的招商模式，大概有如下几种：第一，喝酒招商。这是中国的传统文化，里面有人情人脉，人人都懂。然而，贵安新区靠喝酒是喝不来美国高通，喝不来印度阿拉宾度制药集团的，也是喝不来我国的三大电信运营商和华为技术有限公司的。第二，土地招商。给出便宜的工业用地，让企业落户的办法，当然有作用，但是这种办法被各种工业园区广泛使用，也没那么灵了。同时，土地招商也需要进入土地升值的良性循环，才能招来更多的企业和商家。第三，行政竞争招商。这种在行政上给出各种优惠和方便的行政竞争方法随着反腐和行政改革的深化，边际效用也呈递减趋势。

过去的模式渐渐过时，贵安新区需要有创新思路。为了完成贵安新区的规划，开投公司强调建立优良金融生态在招商安商方面的重要作用。新区领导的思路就是：以投资的方式，参股优质企业，从而引导企业落户贵安。新区不仅给予企业政策上的支持和行政上的服务，而且在新区建立全方位的金融服务体系，对企业的生产经营实行金融服务全覆盖，使企业安心在贵安发展、壮大。

3 贵州贵安金融投资有限公司的发展框架

简单地总结贵安新区“以良好的金融生态招商安商”的思路，就是以产业基金投资招商，搭建新区产业骨架；以天使、风投和并购基金，投资目标企业，丰满产业布局，培育并孵化项目；再给企业提供一个由银行贷款、融资租赁、小额贷款、商业保理组成的完整的具有普惠性质、面向实业、服务实业的金融服务体系，让企业在新区健康发展，成为优质税源，以税收造福于人民。当然，从天使、风投到并购基金、产业基金，其投资需要按照市场规律去做，那就要考虑到投资的退出，因此要有资产交易平台、证券投资机构来服务于上市和股权交易。为了发展好普惠金融，新区的金融架构也包括了整合、管理信息的增信平台和服务于新区的结算平台。若要满足以上设想，贵安金投需要建设成一个全牌照的金融控股集团。

图 1 就是贵安金投设想的组织架构图。

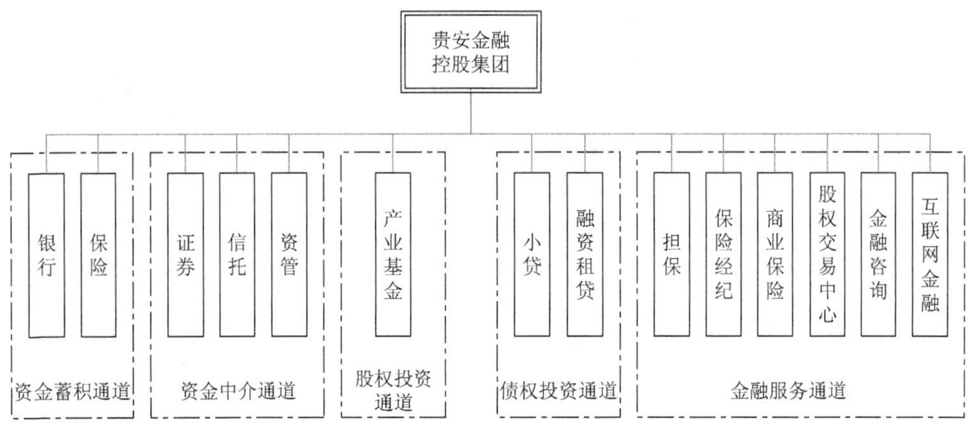

图 1 贵安金投设想的组织架构图

根据图 1，我们可以从金融机构的视角来观察贵安新区的构想。整个集团分为五个功能板块：资金蓄积、资金中介、股权投资、债权投资和金融服务。

资金蓄积板块的主要功能是蓄积资金。贵安金投通过参股贵阳银行及华贵人寿保险股份有限公司，获得了以企业存款和保费形式蓄积资金的能力。华贵人寿保险股份有限公司是贵州茅台集团牵头建立的贵州第一家寿险公司，该公司设立之初贵安金投就参股其中，成为华贵人寿保险股份有限公司的第三大股东。2017 年 2 月，华贵人寿保险股份有限公司开业，并将公司总部落户在贵安新区，显示出贵安新区的吸引力，也极大地响应了贵安新区的金融聚集号召。

资金中介中的证券、信托和资管，在现阶段中国金融生态中有其特殊地位。除了其传统的业务，通常也被作为融资的资金通道。在金融体系及法律法规健全及发育成熟之前，依然具有牌照价值。对于贵安新区来说，虽然其有价值，但至少目前来说不急迫，难度大。贵安新区在金融牌照的申请方面，做着常规的努力。

股权投资通道是贵安新区招商的利器，债权投资通道和金融服务通道则是新区安商的工具。我们在接下来的第 4～6 节，详解这些通道建立的意义和已取得的成就。

4　产业基金搭建产业骨架，细分（子）基金丰满产业布局，风投天使培育未来新星

贵安新区非常重视股权融资在招商中的作用。贵安新区政府进行企业招商引资时，由过去传统的“喝酒招商”模式向通过“资本嗅觉”招商的模式转变，由“坐地招商”到“招强商招好商”，即通过成立专门的基金公司负责分析企业前景，决定是否投资，并在接下来的过程中用谈判和约束性条款对企业实现一定的约束。董事长宗文曾经跟师生们介绍说：“以往多利用政治诉求来甄别项目好坏，依靠政府形象和政策支持吸引企业入驻。现在我们更重视资本眼光在判断项目可行性中的作用，通过股权融资等方式把企业拉进我们新区，并给予一定的政策支持、金融服务、税收优惠、办公场所等帮助。这样一方面从财务上可以实现股权增值的回报；另一方面这样的遴选方式更加符合市场规律，更加经济，质量也更高。”这一模式的创新具有很深刻的意义，在传统招商模式下，很多企业容易被忽视，尽管它们有着无限的可能性，却因为其特点与政府所需相悖而不被看好；然而随着贵安新区招商模式的转变，越来越多的潜力企业被贵安新区的资本所挖掘和吸引，落户于贵安，借贵安之势生根发芽，茁壮成长。

4.1 股权招商的优越性

具体分析股权招商的优势，我们认为有以下几点：第一，股权招商是一种市场化行为，比政府行为更有效。资金如果由政府以补贴、奖励的方式来发放，办事效率低，资金使用效率低。公务员其工作是政务，即便在政务平台上发布公告，穷尽其社会关系，其发现企业的能力也无法与专业的投资团队相比。政府工作人员平时不离岗的工作性质，使其衡量发放补贴和奖励的依据，多半是各种填报的表格。为了保证表格的真实性，各种公文往来必然耗时长，效率低。耗时长导致的一种可能的情况就是排队，而排队的天然产物就是插队，插队大军往往由类似于咨询公司的中介参与，他们会扰乱招商的正常秩序。且不论中介可能采取的不规范行为，即使中介完全是规范行事，也可能产生费用。这就导致政府的资金使用效率降低。第二，股权招商投入的资本形成的是股权，投资人能够行使股东权利，获得资本红利。相比之下，补贴和奖励的发放是一次性的，资金的投放并不能使投放者与领取者之间形成契约关系，即使领取补贴的企业本意是在新区落户安商，也无法保证企业后续不会拖延投资，甚至在经营不顺时撤资走人。如果是股权招商，那么投资时会签署投资协议，规定双方权益，如果经营不能达到预期，还可以在对赌条款中规定重新估值、回购等方法来保障资金权益。第三，股权招商还能享受企业成长的好处。很多企业在获得投资之后，迅速扩大市场，最终发展壮大，估值倍增。无论是持股分红，还是退出实现资本收益，对投资人来说都是很好的选择。

4.2 成立多种基金，对企业发展的不同阶段进行全面覆盖

由于不同阶段的企业融资需求不同，特点相异，贵安新区按企业发展阶段给予全面覆盖，建立企业分级金融服务制度。从创客基金、创业投资基金到产业基金，对不同企业提供多样化、专业化的服务政策。

（1）天使投资——贵安创客基金。对于初创期的企业而言，由于缺乏抵押条件，融资渠道非常狭窄，既不可能通过传统的银行信贷获取，也很难从商业性风险投资公司获得融资。但是这种企业所需要的资金量与后期相比不是很大，其面临的只是技术的商业化和产业化等问题，通常拥有高科技含量、垄断机会或较高成长增值潜力，前期融资充满了高风险和高收益。然而这正是天使投资所追求的目标和投资逻辑。针对该类企业，在天使投资的思路下，贵安新区创立了创客基金，还建立了相关的创客联盟。为初创的企业搭建平台，提供工作地点、洽谈场所、商业对接机会，以及六个大类不同的政策扶持，让它们成长起来。贵安创客

基金一方面在贵安新区大学城创客联盟中筛选优质的大学生创业项目进行种子投资；另一方面放眼贵安新区外优质的创业项目进行投资，并通过管理层回购、上市、并购等方式实现投资回报。

成功案例：2015 年初，贵安创客投资基金公司投资 1000 万元在名为“瑞金在线网上药材交易”的创业项目上，一年后该项目管理层成功回购，基金公司实现了 40%～50%的投资收益。

（2）创业投资基金——贵安创业投资基金。对于成长期的企业而言，它们需要大量的营运费用，并且巩固强化新技术和开发能力，扩大生产规模等也对资金提出大量要求；但是企业自身的经济基础相对薄弱，具有较高的经营风险，管理上的漏洞和人才的缺乏使得风险等级增加，特别是在争取银行信贷融资方面有不小的压力。针对该类企业，贵安新区通过贵州贵安创业投资基金来对接。这支基金是经贵州贵安新区管理委员会与开投公司批准设立的新区首支创业投资基金，针对电子信息、高端装备、文化旅游、生物医药、现代服务这五大主体板块进行投资项目的挖掘与筛选，并沿产业链布局。其本质是政府来做中小企业的天使投资，希望能帮助它们成长为大企业。

成功案例：2015 年，贵安创业投资基金管理有限公司引入贵州金智网络科技股份有限公司（简称金智网络公司）。金智网络公司的主营业务为轻度休闲游戏。金智网络公司董事长周奕弘在进入贵安新区之初就从贵安创业投资基金获得了一笔数额不小的投资资金用于产品研发和推广。此后，通过周奕弘的牵针引线，贵安创业投资基金投资了一家国内知名的漫画创作公司，并已经落户新区。而这家漫画创作公司正是金智网络公司的上游企业，一直为公司的游戏产品提供前期服务，金智网络公司是该漫画创作公司的下游 IP 重要变现通道。金智网络公司通过借力贵安创业投资基金，帮助上下游企业解决资金困难，实现了自身产业发展生态的构建。通过上下游产业链的互动，提升了存活发展空间与效率，企业间的交互生态就此建立，且互相推进发展。在贵安新区创新基金撬动产业发展模式的支持下，在贵安新区落地一年后，金智网络公司于 2016 年 11 月 15 日成功挂牌“新三板”。

（3）产业基金——贵安新区新兴产业发展基金。对于稳定期的企业而言，其产品有一定的市场占有率和知名度，销售达到一定规模，盈利水平较高，稳定客观的现金流入大于流出。如果有进一步扩大再生产的要求，如新的机器设备的投入、厂房的扩大、人员的增加和新的研发费用等，就可以从产业投资基金中获得融资，基金公司将以股权的名义进入。贵安新区将给这些企业很多优惠福利，吸引它们落户贵安。良好的融资服务就是其中一项优惠福利，也是贵安新区的一大发展方向。2016 年 4 月，总规模 300 亿元的贵安新区新兴产业发展基金获批成立，成为带动贵安新兴产业发展的引擎。贵安新区新兴产业发展基金依托新区“双源四驱”的指导——项目源头来自新区内部与外部，产业发展依托政策、资本、要素整合、创新服务四大驱动。采用基金中的基金（FOF）形式对外投资子基金，通过子基金撬动资本，带来丰富优质的项目源，助推新区构建定向行业上的立体产业生态。目前该基金旗下已有六支对应不同产业及其细分方向的子基金。产业投资基金的目标是通过多维度、多领域的融合，突破单一的发展模式，引进复合型项目和团队，放大关联产业增值空间，因地制宜，因势利导，张扬特色，重点发展以大数据为引领的电子信息、高端装备制造、新能源新材料、大健康新医药、文化旅游五大绿色新兴产业园区。

成功案例一：产业基金是贵安新区“招强商招大商”的重拳。2015 年贵安新区通过产业投资基金的方式，成功引入了五龙电动车（集团）有限公司（简称五龙集团）。五龙集团的新能源工厂占地约 1300 亩[①]，总投资约 50 亿元。新能源工厂建成后，预计将于 2018 年投产，计划年产能 15 万辆纯电动汽车。2016 年 8 月 25 日，贵安产业基金与五龙集团、深圳市紫金港资本管理有限公司签约，共同成立贵安新区紫金港安龙智电汽车产业基金，基金成立后将会极大地推动新能源汽车电池、充电设备等重要零部件的研发和生产。贵安新区希望借助五龙集团和深圳市紫金港资本管理有限公司的人才优势及行业经验，在新能源汽车研发、制造和市场品牌打造等领域抢占先机，加快建成世界级的新能源汽车产业基地，从而推动贵安新区的产业发展。

成功案例二：2016 年 5 月，北京电桩科技有限公司（简称北京电桩科技）在贵安产业基金的引进下落户贵安新区。据北京电桩科技 CEO 先越介绍，自 2014 年国家向社会资本放开电动车充电桩市场以来，各路资本争相进入，但受多方面因素影响，充电桩行业融资难、盈利难等问题依然突出，亟待创新破局。同时，目前充电设备制造领域参差不齐，充电桩制造行业和充电桩运营行业已开始相互融合，但其相关运营并未形成体系化。在这样的背景下，北京电桩科技先是和贵安产业基金协商，成立了合资公司贵安新区新能电桩科技有限公司，主攻贵安新区乃至贵州的新能源充电桩的广阔市场。同时，考虑到企业未来在资本市场的发展前景，以及企业自身的优势可以与贵安新区的政策产生合力，整合电桩制造和运营资源。在先越的倡议下，由贵州贵安新区、北京电桩科技、咖马创投共同投资的“第一支新能源行业产业基金”正式运营，属国内在新能源汽车领域投放的首支基金，目前已募集资金3亿元，全部用于贵安新区新能电桩科技有限公司的生产制造和充电桩运营。“当前充电桩行业发展最大的困难源于没有金融和专业资本进入，而利用产业发展基金既能将闲散资本聚集起来形成合力投入充电桩生产、布局等，以解决资金短缺现状，还能加速培育、培养新兴企业，让企业之间加快合作与成长。”先越说。

成功案例三：2016 年 5 月，国内首家云链服务（CCX）提供商贵州白山云科

① 1 亩≈666.7 平方米。

技有限公司（简称白山云科技）决定将其云链服务全球中心落户贵安新区，并于当月举行的 2016 年贵阳数博会上与贵安新区正式签约。2016 年 7 月 25 日，贵安金融投资有限公司、贵安新区新兴产业发展基金管理有限公司与白山云科技签约，携手开拓新兴云链市场和贵州大数据应用市场。白山云科技从领投的贵安新兴产业发展基金管理有限公司、贵安金融投资有限公司获得超过 1 亿元的 B 轮融资，双方的合作进一步深入。白山云科技表示，3 年内，由该企业投资 1.5 亿元的云链服务全球运维中心、基础研究中心和大数据研究中心将在新区陆续落成。贵安新区通过实施“基金 + 产业”的模式，利用基金的投资引领作用带动大数据相关产业入驻新区，加速新区大数据产业发展，培育新区新的经济增长点。2016 年 3 月，白山云科技创始团队赴贵安考察，仅仅两个月的接洽后，白山云科技迅速决定将其云链服务全球中心落户贵安新区。白山云科技联合创始人兼首席营销官代翔表示，贵安新区吸引白云山科技的不只是产业基金的大额投资，更关键的是“我们都想干点不一样的事。”代翔坦言，贵安新区贵在新，敢于在大数据领域大胆探索和先试先行。而白山云科技也正基于大数据尝试在一些新兴领域进行开拓，贵安新区正好为企业提供了这样一块试验田。作为第一家在中国市场引入云链服务的企业，白山云科技的目光瞄准的是千亿级的云后市场。依托自身研发的“云链”，白山云科技将为数据的产生、传输、消费和归档提供完整的生命周期服务。而对未来庞大的“云后”市场的判断，在看到提升数据管理和应用能力的重要性后，贵安新区与白山云科技一拍即合。落户贵安新区，除了能利用贵安新区优惠的产业政策、有力的资金支持外，还能和理念契合的政府一起携手，开拓大数据这一新兴领域。

截至 2016 年底，紧紧围绕新区倡导的“大数据、大旅游、大健康、新能源”等新兴产业，产业基金完成了以上“三大一新”产业研究，构建了初步产业图谱，并协助参与或主导了 40 余个项目的投资分析和尽职调查。接触洽谈拟落户贵安新区的产业项目 20 余个，为贵安新区实现长期优质可持续发展打下了坚实基础。同时，针对不同的产业结构，贵安新区也继续将产业基金细分，运作多支细分产业子基金。例如，医药大健康智慧制造产业并购基金、高科教育并购基金、五龙新能源电动车项目基金等。同时尝试并购基金、定增做市基金等。通过伞形母子基金叠加，放大资金杠杆，同时整合银行、证券、施工单位等，撬动更多社会资本共同参与到新区产业投资中，实现新区产业发展的共生共赢。

5　安商：建立贵安新区中小企业融资生态圈

按照贵安新区的规划，在新区内将建成“高端设备制造园区”“电子信息产业园区”等具有代表性的园区。规划中的园区内将会聚集上百家具有高新技术的中小企业。

中小企业的发展离不开资金的支持，融资渠道主要分为股权融资和债权融资两种形式。同学们从课本上都学习过如下知识：股权投资人投入资金获得企业的股份，关注企业未来的发展潜力，追求成功退出从而获得高额投资回报。对于此种投资，企业无须抵押，没有还款压力，且可以很好地修复资产负债表，降低现有杠杆，成为未来进一步进行债权融资的基础。然而股权投资并不是所有企业都有机会得到，且股权融资会稀释企业所有人的股份。当投资人与被投资人理念不合时，企业重大事项的决策会产生较高的内耗；另外，企业接受投资时签订的对赌协议也是一颗潜在的定时炸弹，极快的扩张节奏使得企业根基不稳，夸张的盈利要求有可能会压垮企业，等等。这些对于园区的企业也是适用的，也就是说：不是所有的企业都有机会得到股权融资，也不是所有的企业都处于需要股权融资的状态。

因此，单靠股权融资不能满足贵安新区中小企业的发展，债权融资也是贵安新区需要发展的重要环节。债权融资与股权融资相比，要根据约定按期偿还利息，到期需偿还本金，对企业现金流的控制能力与利润创造能力是较大的考验。目前，债权融资主要是通过银行贷款、信托贷款、发行企业债券等方式进行，而这些方式都对目标企业有较多的限制，需要企业提供抵押物，且会对企业募集资金用途加以限制。这些限制对大型中央企业、国有企业都不是问题，但对于中小企业而言，却是比较高的门槛。

所以，解决企业债务融资问题，并不是有银行就可以。为此，贵安金投做了充足准备。

5.1 中小企业融资难的原因

研究这些原因，是为了更好地理解贵安金投的解决方案。

从企业方面来看，第一，中小企业通常资产与经营规模都不大，难以提供足够的抵押物进行抵押贷款。较小的规模也使得其现金流始终处于较紧张的状态，对于系统性风险和行业风险有较强的敏感性。通常来讲，这些企业资产负债率较高，没有更多的空间进行长期借款。第二，由于对中小企业的贷款风险较大，银行和市场通常都会对其要求更高的风险溢价，太高的资金成本是中小企业所不能承受的。第三，中小企业通常对账务处理的合规性不够重视，对内对外两本账的现象十分严重。有的企业为了避税，故意通过各种方法降低业务收入、增加费用，从而降低利润。这些在影响企业自身财务报表的同时，也对中小企业整个群体的声誉产生了不好的影响。

从银行方面来看，作为提供债权融资规模最大的金融机构，其对借贷企业的审查十分严格，对其资信和经营情况有着很高的要求，主要以大型企业和金融机构为服务对象，对中小企业的兴趣不高，也并不十分熟悉。中小企业数量多，但单笔业务贷款额相对较少，银行的工作性质和人力条件不足以满足中小企业的借款需要。

于是中小企业便没有对应的金融机构为其提供金融服务，进而加重了中小企业融资难、融资贵的现象，并使其陷入融资困难—经营不利—利润降低—融资更加困难这样一个恶性循环中。贵安新区为解决这一问题，着力发展融资租赁、保理和担保等金融产品，作为银行的补充，形成全方位的金融业态，帮助中小企业融通现金流，为中小企业的发展保驾护航。

5.2 全面的金融服务方案

贵安金投注册成立了多家专注在不同金融服务领域的非持牌金融机构，针对园区不同企业的不同需求，为贵安新区产业园区设计了一个全面的金融服务方案。

1）租赁

融资租赁是指承租方选定租赁物和供应商，由出租方出资购买租赁物，并按照融资租赁协议所约定的期限、利率（利率水平及利率调整方式）、租金支付方式、保证金（金额及是否付息）、手续费、残值处置等条款出租给承租方使用。例如，如果园区某企业需要资金购买一套设备，公司可以选好设备后，由租赁公司购买下来，租给企业使用。如果出售设备的公司愿意以租代售，也可达到同样的效果，只是设备出售公司不能一次性获得全部货款，而分期付款的总还款额中会包含利息收益。这种方式看上去和企业贷款购买设备很相似，但是却有重要区别。对于中小企业来讲，因为资金确定是用在设备购买上，所以与金融机构之间的信任容易达成；由于租金是分期付的，租期可以跟租赁公司谈；不同的企业不同的业务，可能对同一套设备的新旧要求不一样，租赁公司对设备进行分段出租，可以达到不同企业都能节约成本，且租赁公司能获得更大收益效果的目的。例如，某设备使用年限是 10 年，如果不计利息，A 公司愿意用 75%的价格使用其前 5 年，B 公司愿意用 40%的价格使用其后 5 年，则出租该设备在不计利息的前提下，将获得其总价格的 115%。

成功案例：贵安新区牵头引进贵州美特机床工具有限公司及贵州纽迈数控技术有限公司为园区入驻企业提供设备及原材料融资租赁业务。截至 2016 年底，已为 6 家入园企业提供了约 6000 万元的设备融资租赁服务，有效缓解了企业生产经营中的资金压力。另外，贵安新区与海通证券股份有限公司达成合作协议，贵安金投将与海通恒信国际租赁股份有限公司合资创办贵安恒信融资租赁（上海）有限公司，更好地服务贵安新区的优势主导产业，为进驻新区的各类企业提供项目建设、设备采购、运营资金补充等方面的全方位融资服务。

贵安新区为园区内中小企业提供融资租赁服务具有以下几大优势：第一，融资租赁解决了中小企业购置设备所需大量现金流而产生的筹资问题。如果没有融资租赁服务，企业只能通过银行贷款的途径获取资金，再用该笔资金向设备制造商购买设备，而这个过程是很难走通的。通过融资租赁，中小企业不需要在前期一次性准备大量现金流用于购买设备，只需按照约定支付租金，且租金还款安排方式灵活。它相当于通过分期付款的形式，用设备未来创造的现金流兑付租金，实质上是以融物实现融资的目的，等于得到了一笔长期借款。第二，融资租赁从普惠金融的角度鼓励中小企业的起步及其生产设备的更新换代，促进其技术进步，获得更强的竞争优势，帮助其实现资本的快速积累，从而产生造血能力，为贵安新区的建设做出贡献。第三，中小企业由于风险较高，金融机构会对其要求更高的风险溢价。而贵安新区自有的融资租赁公司对新区政策有更深入的了解，对新区内的企业可以进行更深入的尽职调查工作，之后也可以进行更频繁的监督，因此大大降低了信息不对称产生的风险，从而可以有效降低资金成本，为新区内的中小企业松绑。

2）保理

保理业务是指建立在商业信用基础之上，债权人将应收账款转让给保理商，保理商为其提供保理融资、应收账款管理、应收账款催收、坏账担保和资信调查等综合性服务的业务。保理融资是保理最重要的服务项目，融资方式相对银行贷款有着很大的优势。首先，保理融资注重的是应收账款的真实性及债务人资信状况，看重的是贸易销量等指标，对于中小企业的抵质押物、信用记录等不作具体要求。只要应收账款是真实存在且合法合规可追索，且债务人资信情况良好，就可以获得保理服务。这直接绕开了中小企业的资产负债表，使得融资有机会进行。其次，保理业务可以提供应收账款的 80%甚至 100%的保理融资。中小企业可以第一时间获得这些资金，以保证企业的经营生产。相较于银行贷款，保理服务放款的速度要快很多。最后，保理业务在债务人清偿应收账款后，从剩余 20%的应收账款中收取相关费用，避免了中小企业每月等额还贷的压力，保证了企业财务正常运作。

例如，园区内 B 企业出口医疗器械到某国，但是一时收不回应收账款。保理公司利用其行业信息资源，确认了该笔出口的真实性和对方企业的信用，于是用 92%的价值买下该笔应收账款。这笔交易的成功，说明保理公司有两种能力：进行资信调查和提供融资。实际上，保理公司具有这种能力，也可以分开使用，如在企业签单之前，为企业提供有偿资信调查服务；在企业签单之后，基于资信调查，为企业的生产提供融资服务。

贵安金投前期的调研表明，贵安金投完全有必要设立保理公司，为新区内中小企业的资金融通提供便捷。一方面，贵安金投可以为中小企业的应收账款提供保理融资服务，买断中小企业应收账款中质量较好的部分，从而改善企业的现金流状况，加速企业资金流转，增强企业营运能力；另一方面，贵安金投可以为企业提供资信调查，帮助企业更好地了解对手方。贵安金投也可以为对新区做出贡献的其他公司甚至是新区内中小企业的对手方提供保理服务，在扩大自身业务范围的同时也为新区内的企业营造良好的商业环境。

成功案例：贵州鸿巨燃气热力工程有限公司为贵安新区的建设做出了贡献，与此同时也产生了应收账款。但是开投公司这样的大型国有企业，相对于中小企业而言，款项支付的各种行政手续更加烦琐，并不能满足中小企业紧凑的资金流转需求。此时虽然贵安新区的保理公司尚未开展业务，担保公司对该项保理业务做出了回应。（因为保理业务并非保理公司专有，商业银行等也可以开展保理业务。）在确信该公司业务真实性的前提下，贵安新区发展融资担保有限公司（简称贵安担保）为贵州鸿巨燃气热力工程有限公司提供了应收账款的保理业务，解决了公司的资金需求。

保理业务不仅包括融资，也包括资信调查、应收账款的账户管理等，保理需要更加专业化的发展，为了更好地开展保理业务，贵安金投收购了深圳高瑞信达商业保理有限公司，将保理业务向专业化发展。收购之后的保理公司注册资本1000万元，贵安金投占股90%，已完成公司工商变更登记工作。

3）融资担保

融资担保是指担保人与银行业金融机构等债权人约定，当被担保人不履行对债权人负有的融资性债务时，由担保人依法承担合同约定的担保责任。银行贷款是目前我国小企业融资的主要方式，以担保公司提供担保是中小企业获得银行贷款最主要的担保方式之一。

融资担保公司的主要任务是为中小企业取得贷款进行增信。在园区内，中小企业大多采取租用厂房的方式开展生产经营活动，尤其是科技类、互联网类的小企业，资产规模很小。这类轻资产的企业没有抵押物进行抵押贷款，无法满足银行传统贷款抵押方式的要求。一般来讲，信息不对称也是中小企业难以获得银行贷款的一个重要原因。与大企业相比，小企业信息透明度低，经营状况和盈利能力更加不为银行所知，银行要想获得小企业信息，需要付出更多的成本或者承担更多的风险。

成功案例：为了给园区的企业提供更好的金融服务，贵安新区在贵安金投下成立贵安担保，与合作银行达成了一系列的制度安排，从而较好地解决了以上问题。首先，贵安担保作为专业的担保机构，为中小企业向银行出具担保函，书面保证承担不可撤销的连带保证责任，以此为中小企业增信，降低贷款门槛，使其有机会获得银行贷款，解决了融资难的问题。且相较于未增信的企业而言，经过增信的企业获得的资金成本更低，经过贵安担保的测算，园区内的中小企业可以将贷款的综合成本控制在9%以内，解决了融资贵的问题。其次，一般情况下担保公司会向企业要求反担保物，而对贵安新区内部的中小企业，该条件可以放宽，只要企业未来发展可控，贵安担保可以降低对反担保物的要求，目的在于尽可能地扶持园区内中小企业。再次，园区内的企业均由开投公司旗下专门的招商公司筛选引进，企业的初始质量是有保证的。贵安担保可以对贵安新区内部的中小企业进入园区后的发展情况进行全面详细的尽职调查，对新区内部企业的情况进行细致的了解，在担保层面减少了信息不对称所带来的负面影响。尤其在排查的过程中，可以帮助企业改善财务报表列报的规范性，从而增强其信用程度。担保公司已经建立起园区企业融资项目储备库，对接了新区高端装备制造园、电子信息产业园、大学城等各大园区，并建立了沟通机制，已经走访企业35家，摸清其企业情况及需求，为担保服务于新区产业提供了项目储备。

另外，贵安新区还拥有贵安新区财信担保有限责任公司。目前，贵安新区正全力推进实施“贵园信贷通”产业园区企业融资试点工作。截至2016年10月，园区已组织贵安新区财信担保有限责任公司和中国建设银行贵阳花溪支行对贵州乾新高科技有限公司、贵州泰和科技有限公司等园区企业完成了资信、贷款资格审查。通过银行对园区企业的调研和深入了解，加之担保公司的增信，银行拟授信额度达2250万元。

4）小额贷款

小额贷款是针对个人和中小企业的单笔额度较小的贷款，贷款金额一般在20万元以下。中小企业数量多，但是单笔贷款额度小，银行等金融机构的服务对象不是中小企业，且银行也没有那么多的人力物力去对每一家中小企业进行详尽的尽职调查，因此都选择拒绝为中小企业发放贷款，在一定程度上加重了中小企业融资难的现象。小额贷款公司的出现填补了这一空白，它具有程序简单、放贷速度快、抵押物要求相对较低的特点，可以满足中小企业小额、短期、分散的融资需求，为中小企业开辟了新的融资渠道。

贵州贵安新区黔众小额贷款股份有限公司是贵安金投参股的一家小贷公司，该公司于2015年10月注册成立，注册资本1亿元，贵安金投占股25%。该公司目前提供的产品主要为个人贷、商户贷、企业贷、三农贷、抵保贷和车抵贷六种。该公司不发放信用贷款，贷款人需要提供相应的担保、抵押或质押。贷款条件相对简单，中小企业作为法人，只需要提交有效的营业执照、组织机构代码证、法定代表人的身份证明及签字样本或印鉴、贷款卡、企业章程、上年度和当期的财务报表（未经审计也可）和有必要提交的其他材料。如果有担保人，需要将担保人的相关材料一并提交；如果有抵押物，需要抵押物无瑕疵的证明、权属证明和同意抵押担保的书面文件。提交申请后，经过小贷公司的调查核实、评议审批就可以签订合同，完成抵押登记后便可以发放贷款，放款效率远高于银行。

新区不是无人区，也不是厂房区。新区的最终建设目标是一个产城融合的新区。不仅有锐意进取、生产力领先的企业，人才济济的大学，还有团结和谐、幸福快乐的城市居民。只有形成一个有商业服务业、高质量教育和医疗、交通和生活便利的生活城区，百姓在其中安居乐业，新区的产业才有充足的人才和劳动力储备。更重要的是，新区的开发，不只是追求新、追求大，落到根基是追求人民的幸福感。从这个角度来讲，普惠金融不可缺，小贷公司也不可缺。

6 搭建交易平台、增信平台，形成一个活跃的金融市场

在新区，股权交易平台是必须有的，其可以为园区内产权交易双方提供必要的信息、交易场所及交易规则，组织产权交易活动。以股权投资为招商手段，可以想象不远的将来，新区内必然会有企业整合、投资人退出等股权交易的需求。除此之外，每一地区发展到一定规模之后，类似的需求总是要产生，贵安新区必须做好准备。不仅如此，开展“绿色金融”创新实验，也是贵安金投的创新试点。贵安金投积极发展碳金融服务，建设国家重要的碳交易中心及相应的标准。开发与碳交易相关的 CER（核证减排量）、VER（自愿减排）等现货产品，碳远期、碳期货和碳期权、碳掉期等碳金融工具及其衍生产品，并建立碳金融注册和结算平台、碳项目咨询与服务、碳信用评级机构、碳信息数据库等中介服务体系。新兴金融平台的建设能更好地帮助贵安金投跟上时代的趋势，实现不断转型。

贵安金投作为服务于贵安新区各园区企业的金融企业，建立一个信息共享的金融平台势在必行。建设并依靠区内金融平台，既可以实现区内企业信息共享，降低不同金融服务之间的摩擦，又能减少金融机构与企业之间的信息不对称，从而显著增强金融服务的效率，降低企业融资成本。事实上，贵安金投早已开始整合新区的各种可共享的信息资源。例如，一个企业如果要落户贵安新区，首先要在园区注册登记、银行开户、租用厂房、雇用员工并为他们缴纳三险一金、缴纳税收，这一套程序走下来，园区已经采集了企业的很多基本信息，这些信息完全可以共享，而这些信息变动反映出来的信号，则是金融平台需要重视和甄别的内容。正面的如厂房租用面积增加、雇员增加、水电费增加、税收增加等；负面的如房租欠缴、雇员减少、水电费欠缴等。这些是园区管理部门可以提供的基础信息。贵安金投下属担保公司已对部分园区企业摸过底，这些金融方面的信息，也可以共享。

更多样化的金融服务，贵安金投都愿意尝试。例如，发展金融咨询服务，可以利用贵安金投已有的优势，为园区企业提供投融资咨询、产业政策咨询、货币

政策咨询、企业并购与资产重组咨询等服务。另外，贵安金投还在研究探索建立第三方支付平台，区内所有企业都可以通过这一第三方支付平台进行交易和支付，其主要目的也是为中小企业增信添加砝码。

7 结　语

中国人民大学的师生经过多轮座谈、调研，赞叹贵安金投坚持以金融服务实业、服务新区建设的初心和坚持，也感叹贵安金投雄心勃勃的规划只用了很短的时间就做出了显著的成效。讨论和总结下来，贵安金投最打动我们的经验如下：

第一，始终坚持开放与合作的心态。贵安新区不断加强与国内优秀券商的合作。联手光大证券股份有限公司，与其形成战略性合作，以成熟券商的眼光对区内企业进行上市服务和辅导，引导中小企业在新三板挂牌，为以后的上市和发债等打好基础，为新区企业提供做市和定增服务，打通区内企业和资本市场的联系，金智网络公司就是这一合作下的受益者。贵安新区还与华创证券、贵州股权金融资产交易中心签订战略合作协议，双方将在金融资产交易平台建设、助力新区实体经济发展等方面开展合作，华创证券、贵州股权金融资产交易中心将发挥自身优势，加快贵安新区股权金融资产交易市场平台建设，加大对新区实体经济的金融支持力度，实现优势互补、共同发展。贵安新区携手海通证券股份有限公司合资创办贵安恒信融资租赁（上海）有限公司，为贵安新区企业提供全方位、多层次的金融服务。

第二，始终相信市场是配置资源最有效的途径。以股权投资招商，以市场化运作促进资本与实业的合作。这样的招商是有活力的，往往是招来一个商，带来上下游。在既定的产业链条上，不断丰富产业集群，以良好的金融活水，养好优质的有活力的企业。

第三，始终保持顺势而为的灵活性。贵安金投看好北上广深的金融人才优势，但并没有强扭这一势头。在贵安当地搞特殊薪资雇用市场人才或者薪资双轨制，靠亲情牌、情怀牌招聘员工，这些做法都不是长久之计。贵安金投认识到部分金融工作地点的灵活性，选择在北上广深设立分公司、办事处，就地招聘人才，顺势而为地解决了实习生招聘、员工招聘等问题。解决了人才问题，就解决了最重要的资源问题。

领导具有开放的心态，能尊重市场规律，高瞻远瞩且又能顺势而为，同时管理层具有丰富的工作经验，饱满的工作热情，员工年轻且具有活力，对未来、对事业充满信心，这也许就是董事长宗文对新区建设充满信心的原因吧！

草根儒商
——江西新七星集团有限公司管理经验

门淑莲

1 引　　言

儒商，现今一般指那些文化水平较高的商人。本文所讲的，则是真正奉行儒家传统文化的企业。有研究表明，在中国民营企业中，80%以上为家族企业。这些企业一般具有家族管理和企业管理融为一体的特点。作为底层草根家族企业一员的江西新七星集团有限公司（简称新七星），由朱家七兄弟共同建立，现由第二代也是七兄弟担当要职。与众不同的是，该公司在从上到下、从里到外的各个管理层面，都深深打上了儒家传统文化的印记。企业一步步地成长壮大，也充分验证了一句老话：家和万事兴。

2 企业概况

新七星的前身为成立于 1999 年的樟树市七星实业有限公司（简称老七星，现为新七星下分公司之一），新七星于 2016 年 11 月正式成立，位于江西省南昌市，占地面积 22360 平方米，注册资本 1000 万元，固定资产总投资 5200 万元。经过近二十年的创业与发展，公司现已成长为一家集贸易、饲料产销及粮食收储、物流等为一体的大型多元化民营企业。公司为江西樟树市生猪行业协会理事单位，曾获“江西省 2004 年度诚信企业”“樟树市 2003～2004 年度金融信用企业”“宜春市 2015～2018 年农业产业化市级龙头企业”等荣誉。

新七星旗下品牌产品主要包括猪料、鸭料、鸡料等养殖饲料。饲料原料销售方面以玉米、豆粕、麦麸为主。新七星现有员工 300 余人，有 10 家分（子）公司，11 个直营事业部，分布在樟树、临江、南昌、莲塘、新余、宜春、吉安、上高、高安、新干、八都等地。年生产能力达 30 万吨，各种饲料原料年销售达 60 万吨，2015 年，销售收入 20.55 亿元。

近年来，新七星主营业务从粮食收储、销售、饲料加工，逐步拓展至酒店、矿产、林业、仓储物流等行业，呈现出全方位快速健康发展态势。

成立于 1999 年的老七星位于享有“亚洲锂都”“月亮文化之城”美誉的江西中部宜春地区樟树市河西重镇——临江镇。此地自唐朝武德八年（公元 625 年）建镇，至今已有近 1400 年的历史。该镇地理位置优越，交通便利，商贸发达，明朝被列入全国三十三大工商课税重镇之一。老七星主要经营饲料原料（玉米、豆粕、麦麸等）等的批发销售和饲料加工、生产、销售等。现有饲料生产线 4 条，主要设备包括饲料生产设备 9SJ-1000 型 4 台、9SJ-2500 型 3 台、变压器、玉米烘干设备等，该成套设备的工艺设计和机械性能处于饲料行业较先进水平，成套设备机组产能设计为时产 40 吨，这些设备均属国内同行业领先水平。

新七星秉承老一辈七星人“诚信、尽职、创新、拼搏”的七星精神，坚持诚信第一、质量第一、顾客第一的经营宗旨，精选优质原料生产，产品蛋白含量高，深受广大养殖户的青睐。2013 年的生产量比上年增长 10%，生产能力由 15 万吨上升至 30 万吨，且饲料产品合格率始终保持在 95%以上。七星品牌饲料占据了区域性市场，销售网络覆盖全国 16 个省份，江西、湖南、安徽、广东、湖北、广西、福建、浙江、四川、重庆等地均有销售代理点。规模化经营和差异化销售成为公司的核心竞争手段。除饲料生产以外，饲料原料贸易也发展为新七星主营业务之一，主要包括玉米、豆粕、麦麸三大饲料原料销售。坚持以“一流的产品、一流的信誉”为服务宗旨，公司逐步发展成为中粮集团有限公司、中国储备粮管理总公司、浙江农资集团有限公司、厦门建发股份有限公司等大型企业的核心合作伙伴。现已形成涵盖粮食收储、饲料加工、粮食物流、粮食贸易、农资终端销售等内容的系统营销网络。直达乡镇的营销网络牢牢地占据赣中（丰城、樟树、高安、上高、新余、新干等）12 个市县，占江西原料市场总额近 30%，在江西区域连续销售量排名第一。通过在江西各个区设立销售网点及多元化的进货渠道，确保货源充足、供货及时。各个销售点根据当地的行情，制定一套系统化的品牌营销策略。原料贸易的需求方为小型加工厂、大型养猪场及做原料贸易的商人，主要销往上高、高安、新干、新余、吉安、宜春、南昌、樟树、临江、分宜、湖南等地。

新七星凭着先进的人才理念和雄厚的经济实力，汇聚了大批具有中、高级职称的优秀人才，且每年组织职员到外地考察，学习借鉴他人的丰富经验。

3 七兄弟携手创业

“七星”的名称取自创建家族企业的 7 个朱氏亲兄弟。朱家有兄弟姐妹 9 人，由大到小分别为朱燕青、朱金根、朱梅放、朱根生、朱春根、朱庆生、朱桂生、朱子云、朱菊青。其中，“老大”朱燕青和“老九”朱菊青为女性。兄弟姐妹的名字都是父亲朱道邦根据出生时节取的。

七兄弟最早并未从事同一行业，而是各自在不同的领域打拼。后来，几个兄弟开始一起做粮食贸易，借助周边养殖大县对饲料的需求，开拓了最初的市场。当时主要是在湖南、湖北两地采购粮食，运到临江出售。粮食贸易规模发展壮大以后，其他兄弟也加入进来，最终七兄弟决定共同创业。

1980年，随着市场逐步开放，有的兄弟开始从事副食品批发生意。1992年市场全面开放，伴随着国有企业改制，减员增效，有的兄弟下岗后自谋发展。1996年，“老八”朱子云开始从事农副产品采购工作。粮食放开后，跑河北、山东线，与农产品打交道。江西不产玉米，人多地少，养猪业发达，“老八”朱子云发现商机，后与“老四”朱根生一起在相关领域打拼三四年。

1996年，已做到江西省某百货公司中层的“老七”朱桂生主动请求下岗，与从事副食品业务的“老二”朱金根一起做庐山啤酒业务，签订了江西宜春地区的总代理协议。在冬天啤酒销售淡季时，“老七”朱桂生又帮助“老二”朱金根做饲料副产品。他们考察发现，以前饲料都是长途汽车运输，运载能力有限且运费较贵，而使用铁路运输更为便利和划算。于是他们与厂家商量并签订包销协议，包销企业所有稻糖粕，全年150万吨左右，这样还可垄断货源。

1997年开始，“老七”朱桂生每天发货150吨左右，产品销往江西其他地区。因铁路运输每吨可以节省200元，所以前两个月就赚了40万元，在市场中淘到第一桶金，垄断想法由此产生。“老七”朱桂生决定放弃与“老二”朱金根合作的啤酒业务，又在做通“老二”朱金根与“老八”朱子云的工作以后（“老八”朱子云以前做山东、河北业务），于1998年，五兄弟开始合作（“老大”“老二”“老四”“老七”“老八”），采取入股方式，每个兄弟一股，每股25万元，共集资125万元，作为企业的原始资金，从事粮食和饲料原料的经营。第一年具体分工为：“老八”朱子云全面负责，“老七”朱桂生负责采购，其他兄弟负责在当地销售。

“老七”朱桂生做事执着，第一年外出考察6个月没有回过家，就是想多走多看。先北上过长江，第一站就到了河南、河北、山东、陕西，再北上黑龙江、吉林、辽宁和内蒙古。玉米季节性强，由南往北，渐进成熟，这样，一个轮回后，“老七”朱桂生心中有底了。不仅结识了朋友，建立起了客户关系，更为重要的是，全面了解了粮食品质、产量、地理环境、气候环境等。年底回家开股东大会，当年纯利润就有300多万元。“老七”朱桂生提出，不能像以往家庭作坊式的经营，应成立公司。当时“老二”朱金根、“老三”朱梅放、“老四”朱根生反对成立公司，主要是不想露富。“老七”朱桂生则认为，作为一家贸易型企业，要想把事业做大，必须以公司方式出现。一来这是走出去的名片；二来也便于增进外人对公司的了解。从公司形象和长远发展来看，都是有利的，且公司也不是5人公司，而是7人公司，因为大家都认为亲情最为重要。7兄弟组建的公司起名为七星公司，意为每个人都有不同的特点和想法，要像天上的星星一样各自发光。大姐朱燕青和小妹朱菊青都有工作，当时没有加入家族企业。

1999年，老七星正式成立，主要是从农民那里直接收购粮食，自己烘干、加工、包装、运输，北粮南运，销售地以江西为主，并很快扩展到湖南、广西等地。

4 政府助力谋发展

2000年，时任临江镇党委书记的熊思明，主动找到老七星的总经理，希望帮助其建立饲料厂。与此同时，公司积累了一部分资金，考虑转型。2001年，在政府的支持下，公司获得了第一块土地，在樟树临江镇创办了第一家饲料加工厂，由“老八”朱子云负责。2003年，又在江西新余建立了第二家饲料加工厂，即新余吉星饲料有限公司，也由“老八”朱子云负责。2004年，在吉安新干建立了第三家饲料加工厂，即江西新干联合实业有限公司。2005年，在临江建立了第四家饲料加工厂，即百欣加工厂。由饲料厂到贸易，形成了产供销链条。公司经营两年，资产达到1500多万元。

公司所建饲料厂在周边县市不断扩展，几十千米一个，每个兄弟负责一块，如临江—樟树—新赣。另外，还有兄弟负责饲料采购，分工明确，家族企业初具规模。

“老七”朱桂生在江西省某百货公司工作过，带来了先进的理念。2000年开始，连续在新余、宜春、南昌开设了3家门店（当时不叫连锁店），业务迅速增长起来。

2002年起，在地方政府的支持下，3年内建立起了11家连锁店。江西是养殖密集区，但当地饲料原料市场很少，有的地方甚至没有，这样，就在省内形成了由南向北的销售链条，即由南向北在吉安、临江、新余、新干、樟树、高安、南昌等地建立起了贸易部，江西省内销售网络布局趋于完善。江西养殖业通过粮食市场带动起来，当时，年贸易量达30万吨（现在为60万吨），公司销售额达10亿元。

由饲料厂到连锁店，这样就在省内形成了产供销链条。2004～2005年，饲料销售额就高达10亿元。饲料生产和贸易是公司的两大业务，且以贸易为主，贸易总量80万吨/年，饲料生产3万～4万吨/年。

为了拥有优质充足的粮食原料，公司将目光放到了江西之外——粮食充足、地广人稀的东北。借助东北粮食改革，收购东北粮库，将东北粮仓打造成贸易源头。

2006年，公司又在吉林四平双辽市合资建立了第一家粮食收储公司，即吉林双辽金城粮贸有限公司，从源头垄断了货源。考虑到原材料成本，为节省中间环节费用，还在产地建起了仓库。

成立粮食收储公司，是公司掌握低进货成本，保证充足货源，发展各地贸易网络最重要的一步举措。建立粮源的初期非常辛苦，几兄弟在东北一待就是半年。作为第一代创始人，几兄弟集体的判断力、领导力和政商关系形成强大合力，奠定了公司发展的基础。

有了省外充足的粮源之后，公司又进一步拓展自己的销售市场。依托东北粮仓紧临铁路干线的交通优势，以南北铁路的运输轴线为依托，在沿途建立了自己的贸易网络。近些年来，在南北铁路沿线不断扩充贸易据点，现在北以河北、河南、山东为中心，南以江西为中心，经过长期发展，公司的饲料销售直接通往农户，减少了中间成本，实现了“从田间到餐桌”的贸易运输体系，而且一直遵循上游购买全款支付，下游出售实行赊销的经营模式。在多年的合作过程中，不断淘汰信誉不良的农户，提升资金回收率，企业规模和盈利不断增长，同时也形成了良好的商誉。

至此，公司的原料、运输、市场格局日趋成熟，产业链条不断完善，利润不断增长，一家草根企业逐步发展为根基强大的家族经营集团。

5　新七星审时度势多元发展

除农产品经营外，公司还积极探索多元化业务，如宾馆店面、房地产、铜钨矿业、林业、建筑材料、餐饮服务、大宗农产品期货交易（套期保值）等。

2008 年 6 月，江西中皇鑫投资有限公司成立，注册资本 2000 万元，经营范围涵盖国内贸易、实业投资、房地产开发、园林绿化工程、林业开发、投资咨询等相关领域。采用以股权投资方式为主的企业发展模式，以期快速发展壮大。为加快推广“公司 + 基地 + 农户”的经营模式，2009 年 2 月，该公司进驻九江市武宁县进行林业资源的流转和开发，于 2009 年 7 月获得 1.48 万亩松、杉用材林的 30 年林地使用权、森林或林木所有权、森林或林木使用权，并成立了民营农场。该农场还被江西省林业厅列为省级工业原料林基地。2011 年，又斥资收购了 3.6 万亩松、杉用材林的 30 年林地使用权、森林或林木所有权、森林或林木使用权。并与晋江市耀华园林股份有限公司组建优秀的松、杉培育团队，对松、杉基地进行科学的管理、种植和抚育。2009 年起涉足房地产业。由于业务拓展，富余资金多了起来，加之当时房地产发展迅猛，该公司开始在新余、南昌、九江、宜春等地参与房地产投资。

2011 年 4 月，江西诚亿畜牧有限公司成立，位于樟树市黄土岗镇山里水库东，主营生猪养殖、饲料加工及其销售。拥有规模化生猪养殖基地、饲料加工厂区及饲料经营部，占地面积 80 余亩，拥有厂房 28 栋，建筑面积 19000 余平方米。厂区内配有消毒池、消毒室、兽医室、配种室，并配有污粪处理设备及病死畜处理设备。厂房内配有 2 套时产 1 吨饲料的加工机组，确保了饲料产品的市场需求。在管理中坚持以人为本、质量立企、速度为先的发展战略，不断提升企业的实力，充分满足客户的要求。

2011 年 10 月 14 日，通辽市北星粮贸有限公司申请注册成立，位于科左中旗宝龙山镇工业大街北龙山路西，注册资本 2000 万元。这是公司在内蒙古通辽地区收购一家民营企业后建立的第二家粮食收储公司，采取粮食收购与销售为主，粮食仓储、物资运输为辅的经营方式。占地面积 9 万余平方米，固定资产 9000 多万元。有大型储粮仓库 3 座，总占地面积 16000 余平方米，年收储能力可达 8 万吨以上。场内有烘干塔 2 座，日烘干量可达 800 吨。拥有铁路专用线 783 米，货位 70 个，具备整列装车能力。在铁路运输正常情况下，预计年发运量 30 万～50 万吨。年收购玉米、高粱等杂粮 10 万吨以上。自 2011 年 10 月成立至 2012 年末，该公司总销售额 5700 多万元，实现利润总额 300 多万元，产品销往全国各地。

至此，公司从收购（生产）到加工再到销售，第一个产业链经过 10 年时间就形成了。

2014 年 11 月 19 日，又成立江西省凡瑞实业有限公司，注册资本 1000 万元。主要经营农机配件加工、农副产品初加工及销售、化肥、饲料及饲料原料、金属材料、机电产品、建筑材料、五金配件、矿产品批发兼零售，以及其他实业投资、国内贸易等。地处江西省高安市八景镇瑞景铁路专用线，该专用线同时又是一个工业编组站和到发站。拥有高效的业务部门：汽运队、装卸队、叉车组、货运组、司磅组、门吊组、设备维修组等，秉持“诚信为本、安全高效”的服务宗旨，努力打造团结、守纪、敬业、高效的物流铁军，与客户共建双赢平台。货场占地面积 41.7 万平方米，铁路专用线为双线，铁路线总长 19.87 千米，拥有 3 个货场作业区 11 股道。货场拥有 8 个怕湿货物仓库，怕湿货场区占地面积 25920 平方米，可存放玉米、豆粕、麦麸、化肥等货物 10 万吨；3 条散装货物装卸线，散装作业量 400 万吨/年；2 条集装箱铁路装卸线，4 台龙门吊叉车，汽车衡轨道等货物作业设备齐全，保障客户货物装卸和仓储的需求管理。

2015 年，江西首星实业有限公司成立，注册资本 1000 万元，是一家以贸易和实业投资为主的新设企业，主要从事大宗粮食原料贸易。拥有完善的物流渠道和优质的品牌价值，在江西省内外建立了多处采购、营销办事处，员工 30 余人，年销售额超过 2 亿元。目前，该公司拥有九江中粮豆粕、东辰牌豆粕等在江西地区的经销权。每月销售量在 5000 吨左右，销售额 1800 多万元。随着养殖效益的提高，行业周期的到来，该公司销售网络不断扩大，销售量及销售额还将大幅度提高。

特别值得一提的是，2014 年以来，新七星为配合国家推进混合所有制发展，通过与国有企业江西省铁路投资集团公司的瑞景公司合作，推动了粮油食品贸易、物流等的发展，大大提高了国有企业的市场运作效率。

十八届三中全会决定强调：非公有制经济与公有制经济都是社会主义市场经济的重要组成部分，都是我国经济社会发展的重要基础，提出要“积极发展混合所有制经济”。李克强总理也在 2014 年政府报告中提出要“加快发展混合所有制经济”。

改革开放以来，中国民营企业从无到有，从小到大，经历了爆发式的发展，不同性质的投资主体，以共同出资、相互参股、联合生产组建公司等方式构成了多种经济形式，促进了中国特色混合经济的产生和发展。多种形式的民营企业已经成为就业主体、经济主体和税收主体，非公有制经济成为我国经济的重要基础。2014 年，中国非公有制经济占 GDP（国内生产总值）比重超过 60%，税收贡献超过 50%，新增就业贡献达到 90%。在此有利背景下，新七星还将在推进我国国有企业改革发展方面做出新的更大的贡献。

谈到企业发展远景，总经理朱琳提出了着力打造家庭、企业“双优环境”的构想。就企业长远规划而言，有四个发展重点。

一是发展规模养殖。由于目前国家提倡环保，散户养猪污染大，成本高，养殖分散，必将逐渐退出市场。新七星打算建立山猪养殖基地，利用江西作为传统养殖大省、经验充足的优势，建立集中养殖产业链，将种植、配方、饲料、饲养、兽医、垃圾处理等养殖环节联为一体。这样做不仅节约成本，而且能够实现循环再利用，减少污染。不过，这一设想实行起来仍有一定困难。目前，政府政策倾向于关停中小养殖企业。虽然企业可以在污染处理方面达到标准，但是在大背景下，政府从减少浪费、降低污染的角度考虑关停小企业，从而可能忽略对各种企业的精细研究和分类政策引导。但对小企业来说，等待政策变更充满风险。因此，可能有大部分小企业面临倒闭和转型的问题。总经理朱琳提出，“希望政府允许规模化经营，设置 3000～5000 亩养殖园区，配套几千亩种植区，将散养集中起来，建立种养殖产业区。企业在种养殖园区集合的基础上发挥优势，生产饲料，提供养殖培训、兽医等，并可在园区规划中赚取管理费、服务费。这样一来，政府不用管 1000～2000 个养殖户，也不用管死猪泛滥、猪肉质量问题。猪场会全权负责，而且园区的粪便也不会出现像散户养殖随便扔弃而造成的污染问题”。

二是完善物流体系，延伸加工产业链。将企业中心从樟树转移到南昌，以南昌为中心改善物流体系，发展更多的销售网点城市。在加工环节提升加工技术，发展深加工。

三是致力于专业化经营和品牌推广。2005 年以前，新七星在江西众多企业中名列前茅，2005 年以后开始经营多元化业务，期间在房地产等行业迅速累积了财富。如今，新七星打算将资金反哺传统养殖、饲料行业，继续做强本职行业，并且借助电商技术，立足江西特色，扩大新七星的市场影响力和品牌知名度。

四是寻找与其他企业合作、与政府合作的机会，拓展业务，提升知名度。例如，借助东北粮仓的优势与黑龙江北大荒集团合作。顺应国家粮食三年轮换的政策，在东北替国家收购粮食，风干、入库、保管，在轮换出库时替国家拍卖。

按目前的发展态势，预计 2019 年公司销售收入可达到 40 亿元，原料贸易达到 90 万吨，饲料加工产量达到 40 万吨，可在现有基础上再上一个新台阶。

6 母亲的政治经济学

七星家族老一代兄弟姐妹 9 人感情深厚，这主要得益于父母的言传身教。

1967 年，全家下放农村 7 年。1974 年回城后，60 岁的父亲去世，兄弟姐妹 9 人一直在一起生活，他们的第二代、第三代也都在一起长大。

父亲过世后，母亲龚清莲成为全家的主心骨。饱经风霜的母亲立下三条家规。

第一条：家和万事兴，不能闹不团结。落实政策从农村回城后，大哥朱金根、四哥朱春根从事竹制品加工工作，二哥朱梅放、五哥朱庆生烧砖瓦，当时全家 4 人出力，弟妹小，都在读书，生活不算富裕。哥哥各自成家后，虽然增加了新成员（嫂子），但全家仍在一起生活。1981 年，由母亲主持，为 7 兄弟建造了一个共同生活的两层楼。而且，在房屋分配上，特别采取了门栋交叉居住的办法。用母亲的话说，就是要重视亲情，不能老人走了就散了。要团结，团结就是力量。母亲的良苦用心没有白费。后来条件改善，建了一栋 16 层楼，大家也还住在一起。在公司和每一个小家庭里，都挂有 2014 年全家 67 人的合影照片。现在，几兄弟包括下代人虽在全国各地奔忙，但每年春节、清明、中秋、国庆都尽量回家团聚。

第二条：要共谋发展，“不能让一个孩子落下”。在分配上要讲多劳多得，但更要兼顾大家。在家族会议中，母亲有极大的权利。她通常只是坐在一边旁听，并不过问公司业务，但她特别注重公平分配，遇到分配不合理就会督促调整。按母亲定下的规矩，颇有点“吃大锅饭”的意思，即分配差距不能过大。即便有人为公司赚了 1000 万元，也仅仅奖励两三万元，而不是按比例提成。从长远看，这样做可能会影响工作积极性，但它却有效地保障了大家庭的和谐发展。

新七星现任董事长朱琥琥，曾独立开过公司，也赚了点钱，但几年后还是回归了家族企业。因为，对他来讲，钱固然重要，但亲情更加可贵。用他自己的话说，“家族气氛是一种享受，就是要在享受亲情中快乐地工作”。

第三条：诚实守信，不能与政府官员非正常来往。这一方面是出于对“文化大革命”类政治运动的恐惧，还有就是对时下严重贪腐现象的厌恶。她总说，我们就老实做人、老实挣钱，别想巴结官员求那些不义之财，也免得无事招惹祸端。当然，从另一方面来讲，与政府官员的正常交往还是必需的。总经理朱琳提到，家族企业的发展，离不开政府的扶植和支持，当年的临江镇党委书记熊思明，就深受新七星上下的好评。在谈及企业面临的困难时，总经理朱琳特别提出，目前有些地方政府从治理环境污染等方面考虑，正在逐步取消地方农民散户养殖的资格，这使得公司面临大量客户流失的局面。他希望，政府方面能支持企业为当地农民建立集中养殖园区，实行规模化经营，统一处理动物粪便等污染物。这样，既可有效解决环境污染问题，便于政府管理，同时也能让企业的发展迈上新的台阶。

2003 年，母亲去世。但直到今天，朱家的三条家规仍被大家默默坚守着。

7　家族控制与内外分管

为保证企业的高效运作，公司采取了一些较为特殊的管控措施。

（1）从家族控股到决策控制

公司发展到今天，虽员工数百人，家族成员的人数占比不到 1/10，但是企业管理和股份仍然完全由家族掌控。

在企业决策上，董事会享有最大权力。董事会 5 名成员，包含 2 名外部董事，但外部董事没有股份，只有 3 年的期权和分红权。在业务层面形成的建议，通过公司主管、管理层会议，再到董事会表决，层层控制风险，遇到事情由家族讨论决定，禁止某位家族成员独断专权。

家族共同管理一直是新老七星的传统。公司发展过程中，也经历了几次股权改造和管理层改选。

2002 年，兄弟扩股，“老五”朱春根、“老六”朱庆生和大姐朱燕青、小妹朱菊青都参与进来。由于经济条件不同，有人甚至 1 万元也拿不出来，公司考虑，既然是一家人，有钱出钱，无钱出力。于是又进行了股东改革，开始的 5 年，股东每人 2 股，后面新入股的每人 1 股。资金不够，由公司垫付，但要求按银行利率还付本金。当年，股息收入超过利息上百倍。这样，就把整个家庭所有成员都拉进来了。后考虑到公司发展需要接班人，又增设大哥长子 1 股。至今，公司股份主要是在老一代七兄弟手中，第二代除大哥长子外没有股份。

2002 年，公司选取董事长和总经理，任期 5 年。第一届董事长选举为人正派、做事干练的“老四”朱根生担任，“老七”朱桂生为总经理。“老八”朱子云负责上下衔接。各部分有人分管，一个萝卜一个坑，岗位分工明确，责任到位。至此，公司组织框架基本清晰。

2010年，管理层改选并扩股。企业扩张后，面临一些问题，如人员老龄化，老眼光不适应新形势，公司受到一些影响，失去了一些发展机会。加上“老四”朱根生、“老七”朱桂生任期两届，需要改选。二人均提出退任。为顺利过渡，推选“老八”朱子云为董事长，并启用年轻一代任企业要职，即推选大哥朱金根长子朱琳任总经理。

2011年，公司进军矿业，对管理层的要求进一步提高。

2014年，企业管理层再行改造，由第二代接班。第一代“老八”朱子云退出，选举思想活跃、公认能力强的二哥朱梅放的儿子朱琥琥任董事长。

（2）家族委员会与家族办公室“内外分管”

作为一家典型的家族企业，家族委员会在宏观决策上具有很大的权力。这个权力甚至高于企业董事会。但家族委员会采取定期开会研究重大决策的方式，并不干涉企业董事会的日常事务。为实现家庭事务与企业管理的相对分离，2003年专门成立了主管后勤的家族办公室。为保证企业稳健运营，2001年，又成立了风控机构。

家族办公室由六嫂何菊香和九妹朱菊青负责，重点保障老人的养老、医疗及子女教育。家族办公室专设基金，每年董事会定期汇入的基金占到公司盈利的10%～15%。家族办公室给每个成员拨付生活费。同时，在家族办公室工作，还可再领一份薪水。家族办公室还会将闲置资金用于保障性投资。多余的家族资金也会被用来做慈善事业，不过家族始终坚持慈善不出面的低调态度。家族办公室的存在，既可以守护家族利益，保持多年家族的稳定，也调动了家族成员的劳动积极性。

新七星董事长朱琥琥说，“家族的利益排在公司的首要位置。要尽可能使下一代朱家人仍然凝聚在一起。”考虑到第二代受教育水平不高，大部分为初、高中毕业，企业高度重视第三代教育。第三代子女全部安排到南昌居住上学。为培养孩子的勤俭习惯，南昌虽有别墅，但他们也只能住在普通的居民小区里。

公司尽可能为第三代提供最好的受教育条件，但并不要求他们非要回来继承家族企业不可。

（3）特别禁令——妻子不得参与公司管理

孔老夫子曾讲，“唯女子与小人难养也，近之则不逊，远之则怨。”有人说，这是不尊重女性、不讲男女平等的表现。但从某种意义上讲，却也反映了男女心理、生理方面的客观差别。受此影响，我国历来有“男主外、女主内”的自然分工传统。新七星特别遵循这一传统。母亲在世时，就立下规矩：七兄弟主持企业，妻子一律不得参与任何与企业经营有关的事务。为此，还特别规定：如果某位兄弟的妻子也有同业经营，为了不分散精力，甚至形成家庭竞争矛盾，这位兄弟要么留在家族，停掉妻子的企业；要么离开家族，去妻子所在企业中单干。

8 恩威并施的员工管理

除确保家族团结稳定外，公司还特别注重外部员工的个人综合考核录用与企业凝聚力的培养。迄今为止，70%的员工从未离开过企业。

随着实力的增强，公司不断加大人力资源投入，积极采取对外向社会广纳贤才、对内强化人才培养的措施，着力打造一支懂专业、善经营的卓越企业管理团队。

新七星实施五个“E”的人才战略。

第一个 E——ethics（道德）：品行端正、高尚情操、诚实、值得信任、尊重他人、具有合作精神；

第二个 E——energize（激情互动）：保持激情，并且灵活地适应各种变化，具有凝聚力，带领团队共同进步；

第三个 E——execution（行动力）：行动迅速、有步骤、有目的地进行；

第四个 E——edge（果断）：果断决断、有判断力、是非分明、敢于做出正确的决定；

第五个 E——envision（远见卓识）：高瞻远瞩、对专业技术和公司的前景有了解、对未来有憧憬。

同时，公司制定和完善了一系列管理规范和管理制度，使各个业务部门的流程清晰，配合有序，为各项经营目标的实现提供了有力保障。

其中，有一项最重要的管理制度就是股东及家属不允许做公司相同产业。否则，必须离开公司。例如，二哥的儿子朱琥琥（现在的董事长），2005 年利用在南昌业务之便和别人合伙开公司，做公司同类产业，被公司劝退。后因公司发展需要，2014 年又回到公司。

9 成功秘诀——“诚信、勤奋、吃亏、得利”

谈到公司成功的秘诀，无论老一代兄弟姐妹，还是下一辈，都认为其实很简单。总结起来，就是八个字：“诚信、勤奋、吃亏、得利”。这些都是中华民族的传统美德，但说着容易，真正做到却难。

（1）诚信是立家之本

古人讲，“民无信不立”。作为一家主营粮食的公司，如果不讲诚信，以次充好，就绝不可能有越来越大的客户群体。所以，公司始终把产品质量当成生命线，在所有销售环节上层层把关，确保经销商与消费者买到放心的产品。至今，企业销售产品从不在电视等媒体上做广告，主要是靠口碑，同时也节省了广告费用。为确保服务质量，公司要求每一位客服人员都必须做到“五个坚持”：①坚持负责到底，不推卸责任；②坚持后续跟踪，以求完全解决；③坚持尊重客户意愿；④坚持不断加强专业知识修养；⑤坚持为客户提供必要的建议。此外，家族内部也严格讲究诚信无欺。母亲在世时就立下规矩：家族成员，一是不准赌博，否则按家规重罚；二是要讲诚信，如个人动用家族资金，必须按照一定回报率返还。否则，从公司收益分红中扣除。至于资金回报率多少，采取个人自报的方式。近20年来，从没出现个人隐瞒收入、侵占家族公共资金的情况。

（2）一勤百业兴

谈到勤奋创业，朱家兄弟个个都有一段艰苦奋斗史。

七兄弟最早并未从事同一行业，而是各自在不同的领域打拼。

1996年，“老八”朱子云开始从事农副产品采购工作。粮食放开后，跑河北、山东线，与农产品打交道。后又与“老四”朱根生一起在相关领域艰苦打拼了三四年。

1996年，“老七”朱桂生主动请求下岗，与从事副食品业务的“老二”朱金根一起做庐山啤酒业务。在冬天啤酒销售淡季时，“老七”朱桂生又帮助大哥做饲料副产品。1997年开始，“老七”朱桂生每天发货150吨左右，产品销往江西其他地区。1998年，“老七”朱桂生又与“老大”“老二”“老四”“老八”一起合作，采取入股方式，筹资125万元，作为企业的原始资金，从事粮食和饲料原料的经营工作。“老七”朱桂生负责采购。“老七”朱桂生做事执着，第一年外出考察6个月没有回过家。先北上过长江，第一站就到了河南、河北、山东、陕西，再北上黑龙江、吉林、辽宁和内蒙古，玉米季节性强，由南往北，渐进成熟，这样，一个轮回后，“老七”朱桂生心中有底了。不仅结识了朋友，建立起了客户关系，更为重要的是，全面了解了粮食品质、产量、地理环境、气候环境等，为企业发展打下了很好的基础。

（3）吃亏终得福

在内部，公司对爱岗敬业员工实行激励嘉奖，对家里人多生活困难的员工家属助学捐款捐物，以解决其后顾之忧。有一位叫金金的员工，原为农村孤儿，好不容易找个姑娘结婚，却欠下一大堆债务。妻子生下小孩后因病去世，家中一贫如洗。公司领导得知情况后主动帮他解决工作，吃住在公司，现在儿子儿媳都在公司上班。在对外方面，公司除讲究交易让利、薄利多销、互惠互利外，还积极从事公益事业、广结善缘。例如，修建乡村公路、修复濒危古文化遗产钟鼓楼、经常走访慰问敬老院孤寡老人等。这些都给公司带来了良好声誉，也有效增加了公司内部的凝聚力。

【评价与思考】

在企业近 20 年的发展进程中，公司形成了自己的价值观：以人为本、诚信经营、务实敬业、追求卓越；形成了新七星精神：诚信、尽职、创新、拼搏；确立了新七星目标：做行业标杆、树公司形象、创公司品牌；明确了新七星经营宗旨：诚信第一、质量第一、顾客第一；不断丰富和发展了新七星经营理念：规范管理、恪守诚信、追求卓越、务实创新、以商会友、互惠共赢、共谋发展。这些都是企业成功发展的重要因素。但从深层分析，或许可以把企业的成功经验简单归结为三个方面：

一是用儒家“和为贵”的思想凝聚人心，从而产生家和万事兴的强大动力；

二是以与时俱进的态度，实现了传统家族管理与现代企业管理的有机结合；

三是以诚实守信、互利共赢的思想，成就了企业的不断发展壮大。

特别值得强调的是，公司把中华优秀传统文化奉为家族的信仰，这或许是该企业的一个独特优势。可以说，在新七星家族传承中，除了财富的传承外，更有价值观和经营理念的传承。但在某些具体管理细节上，可能还有一些需要因时变通的地方。例如，当朱家后代儿媳中出现一位卓越的企业管理人时，是否还应坚守媳不干政的禁令呢？如果朱家后代男丁都从事其他事业，家族企业是否可请外部职业经理人来代行管理呢？这类问题，只有时间才能给出答案。

致谢：本次调研得到了当地政府与新七星的高度重视与热情接待。樟树市人力资源和社会保障局局长蒋映红及老七星所在地临江镇原镇党委书记熊思明（现市政府副调研员兼市行政服务中心主任）全程陪同。现任镇党委书记付凌云及新七星多位领导参与接待，并详细介绍了企业的生产流程、业务规模、业务范围、企业文化等具体情况。

产业转型及战略投资
——北京宏福集团

彭丽红

1 引　　言

经济全球化是当今世界经济的重要发展趋势，国内外竞争环境变化日益加剧，过去成功的战略可能不再适应未来的竞争。“短平快”的投机性思维越来越迷失方向，多元化和国际化发展中的战略投资重要性凸显。面对纷繁复杂的机遇和挑战，企业家更加需要深谋远虑，运用“战略性思维”，站在未来规划企业的今天，挖掘机遇，才能谋求长期发展。与大型国有企业相比，民营企业规模实力相对较弱，在国内市场竞争中往往处于劣势。只有充分发挥企业家才能和决策机制、技术吸收、管理变革等方面的复合优势，才可能在更加开放的竞争中立足和发展。

北京宏福集团（简称宏福集团）成立于1996年，是在北京昌平区郑各庄十几人的施工队基础上发展起来的。农民就业和农民增收都依赖于产业的发展。20多年来，在黄福水董事长的带领下，从乡村主动城市化到面向全国、走向国际；从节能建材开发到建设宏福科技园区；从教育文化事业到酒店旅游产业；从养老产业到现代农业，历经三次创业、两次转型，建筑、旅游、物业、科技、养老、农业六大板块协同发展，相互支撑。紧紧围绕国家战略，“走出去”“引进来”，积极推进战略投资，使宏福集团发展成为拥有100多亿元资产的大型民营企业。

2016年宏福集团产业在转型的同时，改革公司内部治理结构。通过产权剥离，整合战略资源，将众多小公司改造成以北京宏福建工集团（简称宏福建工）为核心的企业集群和北京宏福控股集团（简称宏福控股）两大经济体，打造国际品牌，开拓国际市场，不断寻找企业持续生存和发展的战略机会。

2 北京宏福集团的国际化

2.1 宏福建工发展困境

宏福建工是1996年在北京宏远机械施工公司基础上成立的，作为宏福集团最早创立的企业集群，围绕着传统建筑产业，以土方机械施工起家，逐步进入基础工程、主体施工、市政工程、门窗、混凝土等建筑材料加工、周转材料供应及设备租赁等关联配套产业，集团下属基础公司、装饰工程公司、混凝土公司、设备工具租赁等多家企业。宏福建工的注册资约 3 亿元，具备一级资质。在坚持“科学管理、精心施工、不懈追求、铸造精品”的质量方针下，积极推行科学、规范和现代管理方法，不断提升竞争能力。不仅把贫穷落后的郑各庄建设成了温都水城，而且承担了如首都机场、水立方、地铁 10 号线等 300 多个国际国内重点项目，施工面积超过 800 万平方米，总产值达 320 亿元，创造利税 40 亿元。以全面、精细、严密、淳厚的职业操守赢得了客户的信赖，“宏福”已成为北京建筑行业颇具影响力和知名度的品牌。

宏福建工从白手起家到具备 70 亿元资产的实力，发展形势看似喜人，竞争对手不断挤占市场份额让黄董忧心忡忡。在黄董看来，国内建筑行业经过持续多年的高速发展，建筑企业面临日益激烈的市场竞争，发展仅依靠建筑建工国际工程还是过于单一。2000 年开始逐渐发展工业，开发建设工业园区，引进工业项目，以合作、出租、租赁、股份等方式，先后入资合作进入 200 多家企业。为日后兴办科技孵化器奠定了基础。

在中国加入世界贸易组织后，大批外资企业进入中国市场，本土建筑企业劳动力成本优势逐渐减弱，国内建筑行业也处于“僧多粥少”、产能过剩的艰难境地。在这样的环境下，维持本地区行业内现有地位非常困难，如何从根本上转型以突破困境，是黄董一直思考的问题。

2.2 要不要走出去

要不要尝试走出国门，进军国际工程市场？宏福建工该如何实现战略转型？黄董看着战略部门提交的报告，逐条甄别国际竞争环境中的机会与威胁：

（1）国家对实施“走出去”战略的政策扶持；

（2）国际建筑市场开发程度提高、机会增多；

（3）国内资源和能力过剩是建筑企业开拓国际市场的动力；

（4）已经“走出去”的企业提供的信息、经验和人才；

（5）竞争导致行业利润率越来越低；

（6）地区保护主义、行业壁垒、技术准入壁垒；

（7）汇率波动和外汇管制风险；

（8）政治、战争风险。

对照宏福建工实际情况与同行比较自身的优势和劣势：

（1）业务体系完备，工程承包技术能力强；

（2）人工、材料出口及管理成本相对较低；

（3）决策程序中间环节少，执行效率高；

（4）融资和资本运作能力有待提高；

（5）国际经营管理人才匮乏；

（6）企业运营本地化程度不够。

在年终高层管理研讨会上，黄董提出了实施转型的想法："作为集团的领头人，我一直在思考宏福集团的明天，把企业带到哪里？我总结了四点：一是国际化，二是资本化，三是证券化，四是市场化。实现这些目标可能需要十年，甚至二十年的时间。需要未雨绸缪，提前做出长远发展规划。"

"我认为国内建筑市场竞争越来越激烈，宏福建工正面临着大型中央企业、地方国有企业、外资企业的冲击，如果再不进行转型，市场份额将进一步缩减。走出国门可以寻找新机，中外工程建筑企业之间的合作前景十分广阔。一大批中国公司已经成为国际工程承包市场中的生力军，我们也要抓紧时间开拓海外市场，把我们具有竞争力的技术和服务推向全世界。"市场部的李部长首先发表意见。

"我认为国际化的战略转型非常必要。"品牌战略部孙部长表示赞同，"我们品牌战略部也一直在为打造国际化形象做准备，如果宏福建工的牌子能够在海外工程市场上打响知名度，也有利于宏福自身品牌建设、国际人才培养、熟悉国际规则等各方面的发展，国际化的品牌反过来也将极大地提升我们集团在国内的知名度和竞争力。"

工程部张部长提出了自己的看法："宏福建工已经拥有较强的工程总承包能力，具备对外工程承包的基本条件。珠峰科技（宏福集团控股的北京珠穆朗玛绿色建筑科技有限公司），获得了多项装配式建筑技术的发明专利，技术上我们占有很大优势。但是，在非洲、中东地区，企业之间竞相压价，企业在海外市场竞争也很激烈，我们尤其缺乏国际化人才和国际市场经验。"

"走出去还面临着融资难的大问题。一是融资渠道窄，国有商业银行一般不愿向无抵押和担保的工程承包企业提供贷款，我国政策性银行对国际工程承包企业的支持力度也较小。二是融资担保难，对外承包工程保函风险专项资金规模小，而且使用资金的程序复杂、审批时间过长、支持范围有限。"财务部吴部长补充道。

法务部秦部长也发表了专业看法："各国的法律、规则、标准存在很大差异，欧美等发达国家或地区普遍实行专业执照或企业许可、人员注册资格等制度，许多国家的市场准入条件和管理法规往往制约了我们的企业进入市场。"

人力资源部于部长认为："公司对国际工程领域还比较陌生，应该聘请一些熟悉国际市场技术标准、操作规范及市场运行规则的技术人才和国际项目管理专家等，对国际业务板块进行指导和培训。同时，建议成立国际工程部，专门负责海外工程业务的管理，时机成熟后，再成立海外分公司。"

黄董表明了自己的观点："集团组织架构和管控模式肯定要调整，走出去是大势所趋。一方面我们具有低成本优势；另一方面，还会面临着很多风险，如施工、灾害、政治和战争风险，有些是难以预料、不可避免的，需要做好事先防范，把损失降到最小。"这次讨论初步确立了宏福建工国际化的战略转型大方向。

2.3 说干就干

经过一个多月的筹建工作，2008 年 3 月宏福建工成立了国际工程部，由工程部廖部长担任部长。上任之初，廖部长整合公司资源组建国际工程团队，完善规章制度，开展培训工作，同时积极承揽国际工程项目。

但是廖部长的工作并不顺利："黄董，我们有意向承揽的工程建设项目有 5 家，其中我最看好的是利比亚盖尔扬市 5000 套住房建设项目。首先，它是一个政府项目，有资金和政治保障。其次，对方对我们的无梁楼板技术非常感兴趣，该技术有利于降低施工成本，提高工程质量。现在的问题是我们尚未取得承揽国际工程的一级资质。融资和保函门槛非常高，民营企业要想在银行开立保函，必须用双倍甚至多倍财产抵押。我们把 5000 万元的现金用于抵押，还有水城的股权、资产土地全押上可能还不行，还必须买保险。"

"廖部长，缺什么想办法补什么，不能犹豫。关于保险，要辩证地看，万一有损失，这是机遇，也是坏事变好事，从保险当中还是能受益的。"黄董说道。

2008 年 8 月与利比亚住房与公共设施委员会（HIB）签署了利比亚盖尔扬市 5000 套住房建设项目总承包合同，建筑面积 120 万平方米，为集设计、采购、施工为一体的总承包项目，合同总金额 5.6 万美元，合同工期 40 个月。15%的工程预付款于 2009 年 1 月到位，2009 年 10 月完成设计并通过设计审批后项目正式开工，项目共计使用中国员工 2300 人，利比亚当地员工 200 余人，孟加拉国员工 500 人，从中国出口的材料及机械设备超过 2 亿元。

2.4 跨国风险如何应对?

随着国家政策利好和企业实力增强，越来越多的建工企业走出国门，参与到国际工程市场的竞争角逐中。但是，由于缺乏海外的项目管理人才和经验，很多企业对国际工程项目承包中的经营管理不善、风险意识不强、应对不力，往往造成严重的经济损失。为了在竞争激烈的国际化市场中站稳脚跟，宏福建工高层认真地分析和研究国际工程项目中所含的风险，有针对性地制定具体规避措施，同时采用科学高效的管理方式降低、分散风险。

针对最常见的国别风险，宏福建工的对策是全面了解业务所在国的总体风险，并向中国出口信用保险公司投保政治险和商业保险。同时，为避免合作方资金支付方面的商业风险，宏福建工非常慎重地选择了政府项目，以加强资金和政治保障，合同条款参照菲迪克条款（国际咨询工程师联合会），尽可能减少合同间摩擦。

由于国际金融市场瞬息万变，汇率风险是国际项目中最重要的风险之一，宏福建工高层针对汇率风险主要做了哪些规避措施呢？在利比亚项目中，合同约定以固定汇率使用利比亚当地币第纳尔和欧元结算。然而，2010 年，欧元汇率大幅波动，欧元兑利比亚第纳尔的汇率由签订合同时的 1.818 降为 1.6 左右。时任海外分公司副总经理的廖总接到消息后，第一时间与利比亚项目外方负责人 Peter 积极协商，最终同意将固定汇率结算调整为按实时汇率结算，避免了重大汇率损失的发生。

针对汇率风险，宏福建工从四个方面加强了的管控：一是提高风险防范意识，选择风险防范工具，减少外汇风险业务。二是增强汇率风险管理意识，随时关注汇率变化，及时针对重大汇率波动与业主沟通解决方案。三是将汇率风险纳入成本核算，事先在合同价格中考虑汇率风险的损失，与业主方协商共同承担汇率风险。四是加强外汇资金管理，在国内外汇结算时采取锁定高位汇率结汇，应用外汇期货和期权工具降低汇率风险造成的损失。

境外工程项目建设所需的原材料价格和专业设计师的费用与国内差异较大，谈判过程中预料到材料差价的影响，提前做出了应对方案。在利比亚的许多国有企业就地采购成本很高，有几个项目根本没赚钱。宏福建工利用预付款就地开办窑厂，自己烧砖，自制门窗，有效降低了建筑成本。

针对安全风险的防控，宏福建工制定了安全管理和风险防控制度，设立应急预案，专门设置安全机构和管理人员，保障外派人员的生命安全，并给所有派出的员工投保了商业保险，确保员工在发生意外的情况下可以得到最有力的救助和补偿。此外，宏福建工比较重视属地化管理，加强人员本土化，与当地员工相处融洽、合作共赢。

2011 年 2 月，利比亚革命爆发，在施工现场的员工仍然正常开工干活，并没有认识到事情的严重性。当黄董与利比亚项目经理沟通，得知局势比较严峻、安全没有保障时，当即要求立刻停工，启动应急预案，迅速撤离。员工当天全部离开利比亚，因为人员的安全是第一位的。时间就是生命，黄董的家成了临时指挥部，以便实时看着地图指挥撤离路线。因为早已预见到战时机场会封闭，因此选择突尼斯而不是就近的机场撤离。在利比亚的 14 家中国企业中，宏福建工是唯一一家民营企业。在撤离的途中，宏福建工还劝说欲从机场撤离的一家国有企业，一起安全撤出战乱区域，成功转移了外派员工，其高效决策制度发挥了重要作用。

利比亚革命导致在宏福建工在利比亚的项目被迫停工。截至停工前，宏福建工已完成合同总工程量的 35%，已收回的工程预付款和工程进度款总计 6 亿元，现场设备损失近 2 亿元，未收回工程款约 3 亿元。由于在事前全面研究了项目所在国的安全局势，宏福建工已经针对利比亚项目向中国出口信用保险公司投了商业保险，出险后获得保险赔偿 1.4 亿元，并在积极洽商后续赔偿，有效降低了战争风险带来的经济损失。

2.5 以创新技术开拓市场

珠峰科技自 2003 年起从事绿色建筑的研发和生产，经过多年研发和不断实践，创新发展出 EVE 混凝土剪力墙装配式结构体系。该体系采用工厂化生产建筑部品，现场装配式安装施工的方法，实现建筑标准化设计和构件工业化生产，在提高施工效率、缩短施工工期的同时，也减少了大量建筑模板和周转材料的使用，现场建筑垃圾量约减少 80%，有效解决了施工现场污染和扬尘等问题。工业化生产墙板、楼梯等建筑部品的精度高，也将使建筑质量大大提高。该体系填补了国内装配式混凝土结构体系“中国创造”的空白。当这种钢筋混凝土建筑变身“拼插住宅”、整栋房子在工厂流水线上“生产”的装配式建筑悄然在国内兴起之时，宏福建工保持国内稳步发展，同时瞄准国际市场，走在了同行业前列。

2016 年 9 月 15 日，黄董实地考察俄罗斯房地产市场，并与当地开发商、国际建筑承包方进行了广泛深入的交流。珠峰科技的 EVE 装配式结构体系自主知识产权深受欢迎。2016 年 10 月 16 日，珠峰科技与俄罗斯诺维西帝有限公司正式签订《俄罗斯圣彼得堡 10000 套装配式保障房总承包合同》，合同金额 15.5 亿元，这意味着珠峰科技再次凭借自主知识产权“EVE 装配式结构体系”扬帆出海，代表民营企业“走出去”，用“中国创造”的先进建筑技术承揽大型海外工程项目。近年来，珠峰科技相继与美国、南太平洋地区的多个国家达成了合作意向，将自主研发的 EVE 装配式建筑技术、成组立模生产设备、工业化施工方法全面推向海外。

随着国家“一带一路”倡议的加速推进，基础设施互联互通作为“一带一路”建设优先领域，为建筑企业“走出去”提供了新的历史机遇。作为民营企业“走出去”的先行者，宏福集团依托自身多元化发展、产业集群与海外区域资源优势，通过国际合作、直接投资、品牌加盟等方式更加积极主动地“走出去”。宏福控股集团与俄罗斯圣彼得堡华人国际集团共同投资，在俄罗斯圣彼得堡打造“宏福新城”，该项目总投资 100 亿元，占地 447.77 公顷，由太阳城健康基地、叶塞宁城住宅、俄中友谊会展中心、芬兰湾森林别墅、马林斯基庄园等项目构成。这是宏福集团响应国家“一带一路”倡议的又一次全方位战略布局，进而带动宏福集团多个产业板块协同“走出去”。

3 相关产业多元化延伸

宏福集团在巩固以建筑为龙头的传统产业的同时，整合集体土地资源，开发建设以温泉养生、旅游文化为特色的温都水城；筑巢引凤，开发建设宏福科技园区，大力发展科技产业；面对老龄化趋势，积极布局养老健康产业；回归现代农业，推动传统产业向基于现代化的第一、第二、第三产业的跨越式协同发展。

3.1 科技孵化器

在黄董看来，十几年总是围绕老的产业是不行的，他一心想着进入新的领域，能够依托宏福建工积累的优势发展新的产业，不断增强实力，滚动发展。宏福集团开发的宏福科技园，规划了 20 万平方米办公楼宇及配套创业公寓，吸引了近 300 家企业入驻园区，企业类型多样，如科技型企业、贸易型企业、生产型企业等。其中，智能技术与大数据企业占 60%以上。针对企业的特点和发展需要，较早地将科技园区工业用房和酒店改建成适合科技中小企业使用的办公环境，以至于从传统工业转型科技孵化没有太费周折。

面对“双创”带来的新机遇，宏福集团坚持以“转化科技成果、孵化科技企业、培育创新人才、优化创业环境”为目标，投资成立宏福科技孵化器，一期建筑 50000 平方米，包括孵化中心、建科大厦，专门为研发型、初创企业提供场地、资金、法务、政策解读服务。

宏福科技孵化器注重差异化发展，选取国家及北京鼓励和优先发展的产业内的企业，是以“人工智能、大数据、大健康”为成长方向的高科技型孵化器。不做大而全，所有入孵企业都要经过严格的筛选，有专业的创业导师定期对初创企业进行创业咨询指导，准确定位与市场需求相符的产品构架，并帮助其与市场对接，寻找标杆客户，加速成果转化。

2014 年，宏福科技孵化器被科学技术部认定，成为首个社区型国家级孵化器，“生活 + 创业”的社区特性在行业内独树一帜，依托 4A 级景区温都水城的成熟生活环境，将产业园与社区内居住、教育、娱乐、会展、酒店等配套一体化，实现了职住平衡，宜居宜业。2015 年，被认定为“北京市战略性新兴产业科技成果转化基地”之“北京大数据成果转化基地”；成为中关村科技园昌平园现代服务业创业孵化试点项目、中关村创业投资风险补贴合作伙伴；2016 年，宏福科技孵化器获得中央引导地方科技发展专项支持；控股子公司——微创空间被认定为国家级众创空间；被中关村认定为中关村特色产业孵化平台。宏福科技孵化器为入驻企业提供的是一种动态的、全方位的创业孵化服务，将“培育新兴领域高成长性企业和优质企业家”作为终极目标，根据企业发展的不同阶段建立了从企业进驻到企业毕业一整套的孵化服务体系。在帮助入孵企业对接外围创业投资机构的同时，自身也设有投资基金，支持初创企业快速成长。

宏福科技孵化器通过构建“众创空间＋孵化器＋加速器”全链条孵化体系和创业创新标准化孵化平台，配置创新创业所需的场地、技术、人才、市场、资源等要素降低大众创业成本，加快企业的成果转化。培育出国内户外用品领军企业北京探路者户外用品股份有限公司，国内心血管医疗产品领先企业乐普（北京）医疗器械股份有限公司，中国领先数字地图、导航和位置服务提供商高德地图。而新晋登陆新三板的外科手术技术派尔特医疗，专注于机器人教育（技术）的北京华航唯实机器人科技有限公司，3D 打印的领军企业北京博唯科技发展有限公司，被誉为中国的阿尔法狗的北京万同科技有限公司也逐渐涌出，成为行业内的标杆企业。在宏福科技孵化器的服务体系帮助下，北京华航唯实机器人科技有限公司推出的国内首款商业化离线编程仿真软件，成为打破国内外垄断的破冰者；北京博维恒信科技发展有限公司开发的人体三维扫描快速建模技术，解决了我国出口西服个性化定制难题；北京华弈生物科技有限责任公司的二代基因测序技术处于领先地位。

截至 2016 年，宏福科技孵化器累计孵化企业 600 家，在孵企业约 200 家，新三板挂牌企业 6 家，高精尖企业 20 多家。2016 年 8 月 8 日，宏福科技孵化器在新三板挂牌上市，成为国内首家以“孵化＋众创”为主营业务获准进入资本市场的孵化服务机构。借助直接融资渠道，可以为众多优秀的创新创业的企业和项目寻找适合的发展机遇。

3.2 “金手杖”养老服务

“幼有所学、老有所养”是宏福集团对郑各庄村民的承诺，虽然建设村民养老设施早已列入宏福集团的发展规划中，但是面对老龄化社会的快速到来和社会养老服务的巨大需求，黄董有了提前布局和进入养老产业的想法，而不仅仅是解决本村村民养老问题。于是，从国内到国外，黄董详细考察了各类养老模式的配套设施和服务，特别是深受日本、美国、瑞典等发达国家的建筑设计理念、服务模式的启发。北京地区科技教育文化人才聚集，老年人口的素质、消费需求、收入水平相对较高，养老产品的定位要有长远的眼光，应该开发面向未来的高品质养老服务的软硬件体系。2013 年，宏福集团投资 10 亿元开发的金手杖国际养生公寓开业，公寓占地面积为 14 万平方米，5 栋 20 多层塔楼，近 1500 户，户户向阳。温泉入户，精装修，配全套家具家电，酒店式管理，有适合老年人起居的多种户型。成熟的温都水城配套，公寓内公共服务区完善的社区医疗、营养配餐、运动休闲、学习交流、文化娱乐、宗教信仰设施应有尽有，开业初期就吸引了许多清华大学、北京大学等高校的离退教师，黄董的母亲也在这里养老。

金手杖国际养生公寓由北京金手杖养老股份有限公司（简称金手杖）管理，除了具有交通位置、住房品质、服务质量的综合优势外，相对于居家养老、社区养老、机构养老三种传统模式，金手杖国际养生公寓的养老服务体系独具特色，提供的是集多层次模式、适老服务设施、医养结合的养老大社区。配套设施较齐全，如商业、餐饮、温都水城的水空间。有家庭居住的氛围、有社区配套环境、有机构管理服务，尤其是黑龙江五大连池和海南博鳌的温都水城，候鸟养老模式深受活力老年群体的青睐。

养老费用是家庭选择何种养老模式的关键因素，金手杖推出智慧养老理念，建立了灵活多样、多元化、分层次的会员制度，满足不同家庭对养老的不同需求。有短期体验、1 年、5 年、15 年消费制及 30 年押金制等多种期限租住模式。30 年期会员一次性缴纳会费，会员资格可继承、转让、经营，在一定程度上兼具养老和投资价值，很受中青年的认可，成为孝敬父母的一种方式。金手杖独具特色的会员定价体系，是一次大胆的尝试，入住会员近千人，会员费用也在逐年递增。

经过多年的研究和探索，金手杖在会员结构、适老化设计、文化氛围营造和居家型服务等方面找到了最优化解决方案，并总结制定了《金手杖养老管理大全》，为金手杖养老的管理和品牌输出提供了标准化参考。2015 年 7 月，金手杖由北京市民政局正式授予“北京金手杖养老服务中心”的称号。2017 年 12 月在“2017 北京公信养老机构” 年度总评榜活动中，黄福水董事长成为年度“北京公信养老领军人物”；北京金手杖养老股份有限公司获得“年度最具公信力养老机构”的称号，并成为唯一一家“最具特色旅居养老机构”。金手杖一方面将陆续积极寻求参与投资上下游企业，与三甲医院、生物制药企业、老年产品、旅游等行业联合，逐步完成养老健康产业的全产业链布局；另一方面在与海南博鳌温都水城、黑龙江五大连池温都水城三地联动的基础上，不断开拓对外输出步伐，在全国更多适宜养老的一、二线城市落地。2017 年，黑龙江大庆项目已经动工，并与俄罗斯圣彼得堡和匈牙利积极对接国际养老合作项目，借助于国家“一带一路”倡议，将“游住养生，旅居养老”的范围扩大到国外，持续做好品牌建设、软实力提升和高附加值转化，从人力服务密集型向智慧型升级，把“金手杖”打造成养老行业的国际化大品牌。

3.3 回归现代农业

郑各庄村民在黄董的带领下主动城市化进程中，虽然户口身份没变，可随着宏福集团的产业转型，村民已经不再从事传统的农业生产。宏福集团势力日渐增强，村民越来越富，温饱问题解决之后，还要改善生活品质和提高生命健康质量。食品安全是人命关天的事，在温都水城、科技园区的餐桌上，食品安全一直是黄董高度重视的问题。金手杖的健康食品、营养配餐也是高品质服务的体现。在黄董的心目中，让中国人吃上安全食品也是他的梦想，在国内农产品市场上，围绕销售价格的竞争激烈，而产品质量参差不齐，食品安全的形势不容乐观，出口产品的国际竞争力不强。回归农业的声音时常在黄董耳边回响。

考察过以色列、加拿大、美国的农业，黄董非常清楚国内农业生产存在的问题：一是在农业生产组织和管理上，各地多以庄园式的都市农业、观光农业、小农经济为主，多数生产规模小、专业化程度低、管理粗放、效率低下。二是在优质品种培育方面，我国也与国外有一定差距。农业生产技术水平较为落后，上下游协同创新能力不足。三是缺乏农产品安全生产过程规范和监测标准，发达国家农业生产注重监控整个生产过程的安全性，生产者在生产过程中遵循良好的生产规范。而我国的食品安全检测机构更多地通过检测生产出的农产品的某些指标是否合格来评判产品的安全性。四是农业生产技术管理标准不一，各地区气候环境的差异形成了区域性技术标准。上述问题的根本解决有赖于紧紧围绕市场需求变化，加快培育现代农业生产主体，发展新动能，优化农业产业体系、生产体系、经营体系，不断提升我国农业的现代化水平。

经过多方请教农业专家，引进的温室技术有很大争议，投入较大，单产有限，市场价格过高，销售不旺，令许多人望而生畏。能否引进和掌握高效生产的温室技术是关键。黄董和北京宏福国际农业科技有限公司（简称宏福农业）的李总数次实地考察荷兰的智能温室技术和欧洲各国的农产品市场，认真研究了国内农业支持政策。黄董发现国内农业存在巨大商机和发展潜力，国家对农业的补贴也有较大力度。如果能把成熟的国际技术、国际设备和国际人才引进来，利用国内成本、规模优势，把国内农业做起来，还是有可能的。如果达到设计产能，做到国内第一，独立上市，利润和回报会超出想象。

宏福农业成立于 2016 年 7 月，其前身是北京东正农业有限公司（简称东正农业）。东正农业成立于 2012 年，并于 2013 年开始进行温室建设。宏福农业项目规划占地 85 万平方米，总投资 15 亿元，第一期投资 2.3 亿元，2016 年底完成了占地 5 万平方米的一号智能种植温室建设，是中国最大的温室番茄生产基地。宏福农业以高产、高效、安全、优质、生态、低碳的产业化经营为理念，发展适合中国国情的智能化、集约化温室技术，为消费者提供安全、健康、零污染的纯净蔬菜，目标是成要成为亚洲最大的优质西红柿生产供应者和设施农业的引领者。

宏福农业的智能温室生产体系由 7 个部分组成：计算机控制系统、水肥一体化系统、二氧化碳回收利用系统、温室外屋顶自动清洗系统、双遮阳帘自动调整系统、自动雾化降温系统、循环风扇调节系统，连接这些系统的前端是遍布温室的各种传感器，终端则是计算机总控室。生产过程采用行走式升降作业机、无人驾驶电磁轨道车等各种生产机械设备。应用无土栽培，杜绝土传病害；所有出入温室的来访者需佩戴全套防护服，严格遵守消毒程序；产品接触的所有水源均经过紫外线杀菌消毒，符合国家饮用水级别标准；采用杀虫灯、黄板驱虫，不使用任何化学农药；熊蜂授粉，不使用任何激素。严格执行全球良好农业操作认证标准 GLOBALG.A.P.，并于 2017 年 4 月 10 日正式获得欧盟证书，产品达到了出口欧盟的标准，确保了产品的纯净、安全及可追溯性。

2016 年 12 月该温室完成 18 万株种苗定植，种有 10 个荷兰番茄品种，分为牛肉番茄、多用途番茄和樱桃番茄三个系列。采用智能环境控制系统，将智能控制软件和精准的传感器完美协调，实时动态监测温室生产环境，创建植物生长的最佳环境。配合工业化操作系统，引用机械化生产管理、自动化运输分拣、物联网技术，实现人员和资源的高效配置，产量达到传统日光温室的 6～8 倍。2017 年大番茄实现每平方米产量在 50 千克以上；串收小番茄实现每平方米产量在 30 千克以上。

宏福农业在 2017 年第一季种植中取得了良好的成绩，经全球领先的食品安全检测机构 SGS，对生产全过程进行第三方独立审计检测，产品 102 项农残检测均未检出。不仅在产量上达到了预期的目标，更在种植方法、管理方法、销售理念、品牌建设等方面积累了很多经验。

2017 年宏福农业推出“乐鲜客”番茄，以优质、安全、纯净的特点在市场上独树一帜，深受消费者青睐。在北京、上海、广州、深圳、沈阳、大连、香港等大城市的中高端超市、餐饮、酒店及线上销售良好。2018 年的新品口感更适合中国人的偏好，皮薄，甜度高。正如黄董在前期调研中所说：“实现安全、品种、产量目标，这个引进项目才可能盈利”。

经过两年来的实践探索，宏福农业已经初步掌握了在中国气候环境条件下温室设备智能环境控制、农时活动操作、市场化运作及农业品牌化建设标准化模式。宏福农业工厂化番茄生产项目现场专家组评估认为：宏福农业引进、消化、吸收荷兰番茄工厂化生产取得初步成功，在提高土地产出率、劳动生产率、资源利用率等方面效果明显，可持续发展前景良好，对工厂化番茄生产具有引领和示范作用。宏福农业的李总的切身体会是：目前现代农业的产业化仍处于初级阶段，农业产业配套服务化体系有待完善，如生物防治咨询服务体系、肥水检测分析服务体系、配套零附件服务体系，现代农业生产管理人员、专业种植技术人员和熟练的农事操作技能工人极为短缺。

宏福集团对现代农业的投资初见成效，2017 年，与大庆市林甸县政府签订投资建设大庆宏福农业基地协议，规划占地 1000 亩，预计投资 150 亿元，建设以温室农业为核心，涵盖育苗、种植、加工等上下游产业，打造一个集温室种植、旅游观光、养老养生、休闲度假、农业科技培训、商业活动等功能为一体的现代化生态园区。大庆宏福农业一号 10 万平方米现代温室于 2018 年投入生产，预计每平方米产量在 60 千克以上，将向市场提供符合欧盟标准的番茄 800 万千克。

4 产业间的关联支撑

对于宏福集团为什么要在多个产业发展，而且能够稳步向好的发展，黄董有自己的解释。从建筑业起步的第一次创业，完成了由 1000 人的村庄到 3 万人的小城镇的蜕变，配套的物业服务，形成了长期稳定得收益。2003 年旅游和会展业的投资助推了温都水城旅游景区大板块的形成。郑各庄村的发展规划和未来设想，加上宏福集团的物业服务引来了北京邮电大学、中央戏剧学院。1 万多名大学生的入住，商业氛围有了巨大变化。水城商业广场、商业街带来上亿元的租金收入。宏福集团的产业从过去生产型演变成了服务型，温都水城有了产业支撑和人气活力，旅游也更加兴旺，第二次创业实现了第二产业向第三产业的转型，物业、会展、酒店、旅游、温泉、餐饮、娱乐、商业不断延伸。

第三次创业着眼长远发展和国际国内两个市场的均衡发展，在前两次创业的基础上，依托科技园区管理经验向科技孵化器发展，依托建筑、会展、旅游的经验积累向旅居养老延伸，依托利比亚项目的国际经验和园区建设管理经验向现代农业和农业产业园拓展。整合资源，板块联动，形成互为支撑的网络格局。据初步估计，在 2010~2017 年，宏福建工销售收入和利润总额有所下滑，但仍居宏福集团首位。宏福控股年均利润总额增速为 14%，股权投资年均增长 37%，呈现快速发展，前期组织架构和治理结构变革初见成效。金手杖销售收入稳定，持续减亏显著，宏福农业仍处于试生产和建设阶段，这两个企业的资产负债率较高。2017 年。上述 4 个企业总资产规模接近 120 亿元，整体年均增速达 10%，股权投资增速年均 14%，整体资产负债率 58%。

5 结　　语

宏福集团第二次产业转型和战略投资，企业家极具战略眼光和胆识，主动求新求变，向相关产业拓展延伸，推动该产业转型；调研深入，决策倒逼，敢于试错；严防风险，机制灵活，全力推进；高起点，高标准，高效率。宏福集团向科技、养老、现代农业转型，虽然投资规模大、周期长、风险高，但都是国家重点扶持的领域。宏福集团顺应国家“一带一路”倡议，以国家力量和政府支持，弥补和弱化产业和项目本身的常规投资风险。宏福集团领导者呈现的魅力不只是其战略智慧，还有对国家和社会的责任担当。

人体检测设备的行业先驱
——北京芒果贴科技有限公司[①]

胡霞，于玉涵

1 引 言

北京芒果贴科技有限公司（简称芒果贴公司）是一家以人体检测设备为主营业务的企业，其销售模式主要以互联网推广、建立业务联系、线下试用、线下销售来开展的，早期获得了较好的成绩。但随着电商平台的崛起和普及，对芒果贴公司从营销模式到产品设计方面都提出了新的挑战。这让芒果贴公司的创始人冯振切实感受到，公司开始面临关乎未来发展命运的第三次营销方式的选择。若要保持现状，企业将会面临各种新型营销模式带来的挑战，很有可能会被时代淘汰；而若要顺应这一潮流，企业要改变的将不仅仅是营销模式，还有因营销模式转变而带来的企业形态、产品设计理念、组织结构、人员培训方式及招聘原则等一系列的转变，这可能会给企业带来较大的风险。在这个大背景下，公司是否应该进行变革？如何变革？这让芒果贴公司的创始人冯振陷入了深深的思考。

2 企 业 背 景

2.1 企业简介——从初创企业到行业先驱的蜕变

芒果贴公司成立于2010年，位于海淀高新技术园区，是北京市认证的高新技术企业，该公司也承载了创始人于2006年开展的客流量检测设备的业务，其主营业务主要为商用和民用人体检测设备的生产与销售。

1）创业者的经历

芒果贴公司的创始人冯振，同时也是芒果贴公司的主要研发者，是一个标准

① 本文得到了中国人民大学中小企业国际合作案例中心的资助，还得到了北京芒果贴科技有限公司总经理冯振的大力支持，在此一并致谢。

的行动派，不喜欢等待，是一位敢于冒险、喜欢创新的企业家。冯振于 1996 年毕业于山东大学，专业为电子自动化；2001 年，在中国人民大学经济学院攻读经济学硕士学位，在校期间一直坚持研究与创新，从而获得了他的第一项专利技术；研究生毕业后，成功进入国家开发投资公司，得到了一份令人艳羡的工作。

2005 年，冯振看到网上的一个技术求助帖：如何能用电子技术分清人行进的方向？习惯性地对问题多想一点、多做一点的冯振看到了这个问题的解决方案和商机。然后，他冥思苦想，终于找到了解决方案，从而获得了他的第二项专利——客流量计数器，而这，也是芒果贴公司的根本业务。此后，芒果贴公司与东软集团股份有限公司在 2006 年签订了 50 台客流量计数器的订购合同，这笔交易成就了企业的第一桶金。

2）企业主要产品

芒果贴公司主要从事人体检测设备的研发、生产与销售。企业自 2010 年创立以来，一直紧跟技术前沿，在热成像、红外检测、视频检测等多种技术的基础上，不断创新，深度开发新技术，让芒果贴公司逐渐发展成为人体检测设备的行业先驱、超低功耗传感器设备的全球领先厂家，并将产品销往欧洲、中东、东南亚等地区的很多国家。

芒果贴公司的产品主要分为民用产品和商用产品两大类。第一类民用产品以“芒果贴”为代表，是目前市面上唯一一款老年人零操作、零佩戴、不充电，既能了解老人生活起居，又能关注老人健康的设备。芒果贴公司这一产品的研发初衷，与其说是研发一个商业产品，不如说是寄托一种情怀，即作为子女想要对父母表达的一种呵护。由于工作原因，子女大多无法一直陪在老人身边，而随着老人年龄的增长，身体状况也渐渐不如从前，所以才开发出这样一种能够让子女随时随地了解老人身体状况的一款设备。

第二类产品为商用的客流量检测设备，根据设备运用的基础技术不同可分为红外线客流量检测设备、视频客流量检测设备、热成像客流量检测设备等几大类。在市场竞争日趋激烈的今天，有效的商业管理已经成为商业营销成功的重要因素，客流量检测设备可以帮助商业管理者了解市场规律的最大主导者——实体店线下商品购买者（即客流量），进一步科学、有效地针对客流量进行时间和空间上的分析，及时地做出经营决策，从而提高其市场竞争力。

3）企业生产、销售模式

企业的生产及销售模式总体上可以概括为两个哑铃型。

从进出口贸易来看，企业的电子元器件大多依靠进口，依托国外元器件的高端技术，生产出高质量产品；同时，企业的产品大量销往海外市场，虽然近年来国内市场逐渐扩大，但海外市场仍是芒果贴公司销售网中的重中之重。

从整个产品生产流程来看，芒果贴公司在生产过程中，注重产品研发和销售，不具有核心竞争力的中间生产过程大多依靠外包，从而形成了芒果贴公司成本低的竞争优势。

2.2 公司历程——关乎企业命运的三次选择

芒果贴公司从创立至今，共经历过三次关于营销方式的选择，每一次选择对企业的形态、组织结构、产品设计方向等都产生了十分深远的影响。

1）第一次选择：传统营销与 SEO 模式的选择

芒果贴公司的前身创立于 2006 年，当时的营销方式正处于从以传统媒体营销方式为主向网络营销模式变革的时点。传统媒体，是相对于新兴的网络媒体来定义的，包括报刊、电视、广播这三种媒体，也包括举办和参加展会等方式，这些传统的营销方法曾帮助众多品牌取得了辉煌的业绩；而 SEO 模式，是由英文 search engine optimization 缩写而来，中文译名为“搜索引擎优化”，指通过站内优化，如网站结构调整、网站内容建设、网站代码优化等，以及站外优化，如网站站外推广、网站品牌建设等，使网站满足搜索引擎收录排名需求，在搜索引擎中提高关键词排名，从而把精准用户带到网站，获得免费流量，产生直接销售或品牌推广。

在这个时点，企业的主营产品为商用的客流量检测设备，面向的客户主要为大型商户而不是个人用户，这就意味着企业的所有客户都有能力接触到互联网的推广信息，这让芒果贴公司看到了 SEO 模式的巨大发展潜力，再加上在营销成本方面的考虑，芒果贴公司大胆地放弃了以传统媒介为主的营销方式，而选择将网络营销作为主要的营销途径，将重点放在了 SEO 模式中。然后为了保证这一模式的顺利实现，芒果贴公司在人员招聘时，尤其是营销人员，均要考察应聘人员对互联网的熟悉程度。

将营销重点放在 SEO 模式的这个决策，让芒果贴公司得以快速成长起来。在当时，百度的竞价排名还没有推出，Google 在中国的搜索引擎排名相对公平。企业利用早期介入的红利，通过不断提高关键词的相关性、适应客户在搜索时的思维习惯、主动向 Google 提交关键词和相关资料等，实现了搜索内容的不断优化。在芒果贴公司全体员工的努力下，芒果贴公司在“people counter”这一关键词词条中的排名总在前三名中，每天都有来自不同国家或地区（包括中东、东南亚、欧洲等地区）的客户发来询盘，进行磋商，并最终达成交易。这为芒果贴公司带来巨大收益的同时，也为以后积累了很多稳定客户。

2）第二次选择：SEO 模式与第三方电商平台的选择

随着百度的出现，搜索引擎开始竞价排名，同时，淘宝、亚马逊等第三方电商平台的兴起，都让芒果贴公司早期介入的 SEO 模式所带来的红利不断减少，芒果贴公司开始面临第二次企业变革的选择。

企业考虑了很多方面。第一，如果决定增加第三方电商平台作为产品销售渠道，公司的销售成本将会进一步增加，如电商维护人员的工资、给第三方电商平台的推广费等。第二，作为商用设备的客流量计数器，具有专业性强、认知成本高等特点，客户在购买产品后往往很难直接上手操作，一般都需要专业人员的帮助，而这往往都是线下交易才能实现的。第三，客流量计数设备的价格很高，每台设备的价格从几百元到几千元，这就导致顾客不会因几张图片就决定是否购买产品，而往往需要进行产品试用才会决定。考虑到这些问题，企业最终决定其商用产品客流量检测设备暂时不进入第三方电商平台。

与此同时，企业大力投入资金研发新产品，意欲开拓新的领域。2010 年，芒果贴公司研发并推出了一款类似于微信、陌陌等的即时通信工具。但在产品刚开始推广不久，腾讯就开始推出微信，而中小企业完全无法与这些大企业进行此类竞争。用冯振的话说，此时的芒果贴公司，就像与大象一起跳舞的蚊子，企业最终不得不放弃了这一领域。

在开拓新领域、放弃通过第三方电商平台销售产品的同时，让芒果贴公司错过了通过第三方电商平台进行宣传的最佳时机，同时也在一定程度上落后于同行业的竞争者。

3）第三次选择：主动出击与被动营销的选择

目前，芒果贴公司面临营销模式的第三次选择。随着微信、WhatsApp 等即时通信工具的出现，以及智能终端从 PC（个人计算机）端向移动端的转变，让企业接触客户的渠道逐渐增加，使主动出击的营销方式逐渐成为可能。

主动出击的营销方式与传统的被动营销方式相比，有三大优点：①能够快速发现目标客户，快速占领细分市场；②可控性强，可以提前制定营销策略，安排人力、物力、财力；③可以更好地调动内外部营销人员的积极性。但主动出击的营销方式同时也给企业带来了极大的挑战：支出成本风险不可控。并不是所有的主动营销投资都能够带来预期收益，同时还可能造成企业的竞争力下降；而被动营销方式则可以降低这种成本风险，从而提高价格竞争力。

面对这两种营销方式的选择，企业考虑到以下几个方面。

第一，从芒果贴公司自身的产品特点出发。芒果贴公司的产品为人体检测设备，无论是商用产品还是民用产品，都具有单值大、单价高、单品利润相对较高的特点。产品的这一特性决定了主动出击的营销方式是值得的。同时，源于不断创新的行业特点，主动出击的营销方式能够让潜在客户更快、更好地了解企业的产品特性和功能，从而实现企业和客户的双赢。

第二，从未来的发展前景来看。微信、WhatsApp、邮件等第三方软件的普及，使跨国交流成本变得很低，客户的现场维护量也会降低甚至为零，跨国主动营销变得切实可行。根据2012年的数据显示，全球大部分网民使用电子邮件服务和社交网络，其中通过互联网收发电子邮件的人占全部网民的85%以上。这些软件的普及，让企业与企业之间、企业与客户之间的接触和联系方式都发生了巨大的变化，从而使企业能够通过电子邮件营销、社交平台营销等主动营销方式快速地挖掘潜在客户群、接触企业客户。

第三，从营销理念的角度来看。随着商品经济和生产力的不断发展，客户逐渐占据营销模式的中心地位，以社会—顾客需求为中心的营销理念成为大势所趋，而这，也是芒果贴公司一直奉行的。主动出击的营销方式能够帮助企业更快地与顾客交流、沟通，更好地了解客户需求，同时能更便捷地为客户提供服务。

3 企业成功的秘诀

回顾公司的发展历程，冯振认为芒果贴公司能够成功走到现在的原因，主要可以概括为以下三点：①产品研发——以创新常态化为宗旨；②产品设计——以客户为中心的设计理念；③开拓市场——营销模式的合理选择。

3.1 产品研发——以创新常态化为宗旨

冯振认为，在电子设备领域，企业发展面临的最大挑战就是技术，最好的应对方式就是产品创新。在这个行业中，可以说如果几年没有创新，那一般就意味着将要被行业淘汰。而创新对于芒果贴公司来说已经是一种态度、一种习惯，可以说创新已经成为一种常态，是研发团队的每个成员每天都在想、都在做的事情。而芒果贴公司这些年来的成功，在很大程度上也要归功于其追求创新的研发团队。

1）研发团队组织结构的构建

芒果贴公司的研发团队共由三部分构成，分别为能力突出的重点型人才、足以胜任本职工作的普通型人才及承接技术外包工作的专业型人才。根据任务的不同，对技术人员进行合理配置，实现了芒果贴公司研发团队的效率最大化。

首先，重用能力突出的高级人才是芒果贴公司的用人准则。在芒果贴公司的研发团队中，从来都是以能力说话、以技术说话，并不看重资历和过往经验。同时，企业还会根据技术人员的特点，注重发挥人才的长处。此外，芒果贴公司对人才的重用还体现在人才的待遇上，对待人才从不吝啬，芒果贴公司的创始人冯振曾表示，只要是人才，一切都可以商量。

其次，对于普通人才做到“用人不疑、疑人不用”。普通人才，是相对于高级人才而言，指具有足以胜任本职工作的能力和经验，其对工作的认识、对创新的见解都要稍差于高级人才。对于这些人才，企业一直遵循的原则就是“用人不疑、疑人不用”，就是在员工工作的过程中，当员工犯错时，从不对员工的工作能力提出质疑，而是通过引导员工找出解决方案、鼓励员工通过学习提高相关能力等方式，实现公司与员工的共同成长。

最后，合理利用技术外包降低企业研发成本。在芒果贴公司产品的研发过程中，有一部分内容会外包出去。之所以采用这一模式，主要是考虑两方面的因素：一方面部分程序研发的专业性非常强，所需开发量小，若签订长期劳动雇佣员工，由于相关业务少，对于员工的全面发展具有很大的局限性，不利于员工的进一步成长。另一方面，芒果贴公司作为中小企业，签订长期劳动合同需要承担较高的成本，而通过外包的方式可以降低成本，有利于企业提高竞争力。

2）Wi-Fi 探针——商用设备去工程化的实现

在谈及出口业务时，冯振曾按出口的难易程度将商品分为三类：①最容易的是民用产品，即那种即插即用的产品，如充电宝、面膜等，它们往往不需要认知成本，上手就能用；②较难的为工程类商品，如收款机等，往往具有较高的认知成本，需要具备一定专业知识和外语能力的人才会购买国外产品；③最难的是服务，因为服务的跨境业务需要面临太多的挑战，包括语言障碍、地理距离等。而客流量检测设备作为商用设备的一种，其过高的认知成本一直是阻碍芒果贴公司在国际上进一步拓展业务的主要因素。近年来，芒果贴公司的研发团队经过不断研究，终于研发出了一种新产品——Wi-Fi 探针客流分析系统（简称 Wi-Fi 探针），实现了客流量计数器这一商用设备的去工程化，大大降低了客户的认知成本。

2017 年，芒果贴公司的 Wi-Fi 探针在京东进行众筹。在谈起这项新产品时，冯振认为这可能会成为为企业带来最大收益的一款产品。Wi-Fi 探针分为服务端和客户端两个部分，其中服务端采用的是 MongoDB + MQTT 技术，单台标准服务器可服务于几万台探针；而探针硬件的体积约 U 盘大小，客户将其插上电源，客户端就会通过每个手机所对应的 Mac 地址来检测人流量，从而得出访客在某时某分来到何处，每位访客逗留的时间，还能了解反复来店的客人的频次。商业客户在使用探针后，即可通过关注微信账号，查询店铺每天、每周、每月的客流情况。这一设备与旧设备（红外、热成像等）的不同点在于，可以测算出每个 Mac 地址所对应的人在某处停留了多久，以及进店频次，而旧设备是无法得到这些数据的。

事实上，芒果贴公司并不是第一家将检测手机 Mac 地址技术加入客流量检测设备的公司。早在 2013 年，国内就有几家企业开始运用这一技术，但通过对比可以发现，芒果贴公司推出的以 Wi-Fi 探针为基础的客流量计数设备拥有其他公司产品无法比拟的优势（表 1）。

表 1　芒果贴公司的产品与同行业对比

不同点	同行业的同类产品	芒果贴公司的 Wi-Fi 探针客流分析系统
价格	价格一般为每套 1000 元左右，产品使用价格较高	一套只需要几十元，而二者效能却基本相同，甚至可以进行返利活动，免费赠送该产品
工程化	一般由工程承包，不愿意接小单，中小客户可能会被挤出	实现了商用设备的去工程化
客户群体	多为规模相对较大的商业客户，如肯德基、万达等	基本所有营业场所都可以成为目标客户，包括路边杂货店、餐馆等
操作方式	必须打开 PC 使用专门的软件才能进行操作	不用下载专门 APP，通过微信，即可直接进行数据的查询等操作
数据处理	数据多数归属于甲方，没有数据的二次利用	数据由甲乙双方共享，便于将数据发挥出最大效用

注：根据对企业的实际调研整理而成

首先，最明显的不同点就在于二者之间的价格，芒果贴公司的 Wi-Fi 探针客流分析系统的价格远远低于同类产品，这迎合了顾客期望低价的心理。产品维持这个价格，企业其实并不赚钱，而是在赔钱，但是这款产品的盈利点并非产品的销售环节，而是产品的使用和维护环节，通过产品获取每个店铺、每条街道背后的大数据，才是这款产品最大的价值所在。而且这款产品价格低廉，既能让各小型店家获得原本需要花费几千元甚至上万元才能实现的客流计数目的，又能让企业获得大数据进行深度分析，可以说是一种双赢。

其次，Wi-Fi 探针的去工程化在一定程度上克服了商用设备在进行跨境贸易上可能遇到的很多困难，有利于芒果贴公司进一步开展国际业务。在跨境业务开展过程中，境外商家往往会由于操作难度大、认知成本高等问题拒绝尝试外国产品，而宁愿花费更高的价格在其国内购买。而 Wi-Fi 探针客流分析系统由于其价格较低、客户端和服务端分离的特点，在极大程度上克服了商用设备在跨境业务中遇到的试用成本高、专业性强、语言沟通困难等问题。

最后，Wi-Fi 探针客流分析系统的推出也顺应了当今大数据时代的潮流。通过低价的销售，Wi-Fi 探针可以轻松地进入全国各个地区，从而能够获得各个商业场所的客流数据，进而通过对这些数据的分析实现资源的合理配置（表 2）。

表 2　Wi-Fi 探针大数据的功能与应用

项目	主要内容
功能	通过统计商场各出入口的客流量和客流的进出方向，可以了解出入口设置的合理性
	通过统计主要楼层客流量状态，从而进行店面的合理分布
	通过统计比较不同时期的客流量，可以评估营销、促销策略的合理性，提高营销和促销的效率
应用	根据商场内滞留顾客的数量合理地进行电力、人力资源调整，控制商场运作成本
	通过统计公交站、地铁站、火车站等公共场合的客流量，可测算出人们的通勤情况和客流情况，合理规划公交线路
	……

资料来源：根据对企业的实际调研整理而成

Wi-Fi 探针客流分析系统作为 2013 年刚刚起步的新兴市场，在未来具有非常强大的市场潜力。而芒果贴公司也将在保持现有产品继续良好发展的基础上，大胆投入，不断研发新产品，一直走在创新的路上。

3.2　产品设计——以客户为中心的设计理念

芒果贴公司成立至今，所有产品在设计的过程中都一直遵循以客户为中心的设计理念。冯振认为，在市场销售中，一定是“得人心者得天下”。在当今买方市场的大背景下，若想取得成功，就必须获得客户的认可，而获得认可的途径就是让客户通过感受产品来增加对企业的认可度。因此，在产品设计的过程中，一定要考虑客户的内心想法和感受，产品的设计和使用要贴近人心。

1）产品卖的不是技术，而是客户对技术的信心

在商用设备领域，客户往往都对技术有一定的了解，而且对哪种技术更可靠

往往有自己的一套看法。因此，在这一行业，很难去改变客户内心对技术的认知，最好的方法就是运用客户认为最可靠的技术去设计产品，这样的产品设计才是适销对路的。

在目前的视频、图像化识别方式的客流量检测设备中，大部分客流量检测设备都是通过对可见光视频进行图像分析从而检测客流量，但这一技术存在受光线影响大、算法准确度低、无法分辨人体和购物车等杂物的缺点。大多数工程人员和产品使用者都认为能识别人体温度的热像仪，可以避免传统的视频分析的缺陷，更为准确。随着热成像技术的发展，为了将热像仪技术融入客流量检测设备中，芒果贴公司的研发团队经过很长时间的不懈努力，终于设计出了“波斯猫系列热成像客流量检测设备”，这一产品的分辨率是全球领先品牌 IRSYS 产品的热成像客流量检测设备分辨率的 18 倍以上。运用为客户所接受的技术，在现有技术上进行创新，是芒果贴公司产品设计的方向。

2）市场教育是中小企业永远都不要做的事情

市场教育就是指将新习惯、新产品、新理念引入现有的消费市场中。芒果贴公司的创始人冯振认为，中小企业，特别是小型企业在进行产品设计的过程中，应避免进行市场教育，尤其在商用领域，特别是国际市场。这是因为在产品成功推广前，往往需要对产品进行介绍和科普，而商用领域和国际市场的共同特点就是用户过于分散，所关注的媒体千变万化，彼此之间很少沟通。一方面很难有媒介能接触到这些客户；另一方面用户采购是具有明确周期的，非采购期内，普及教育做得再好，也无法造成采购冲动。

3）不容易被客户接受的产品不是好产品

在进行产品设计时，一定要根据客户的现有习惯进行设计和改进。例如，在对红外线对射类型的客流量检测设备进行操作时，同业其他公司往往需要客户下载手机专用的 APP 或者使用 PC 操作，而芒果贴公司则通过与微信对接，实现了直接通过微信即可操作设备，更贴合客户的使用习惯。对于低频次使用，内容层级较少的应用，恰如其分地提供操作手段是很重要的。

4）不容易被客户理解和记住的名字不是好名字

在推出新产品前，往往需要给新产品命名，对于这一点，企业一直秉持尽最大可能减少客户记忆成本的命名原则。例如，芒果贴公司于 2016 年推出的

“波斯猫系列热成像客流量检测设备”（图 1），就是根据产品特点来命名的。这一产品通过普通摄像头和热成像摄像头检测到人体后，会形成多重判断，提高准确率，屏幕上同时展现的两种不同颜色的图像，正像波斯猫的两只颜色不同的眼睛。这种既能生动形象地展现产品特点，又能为人们所记忆的名字才是好名字。

图 1　“波斯猫系列热成像客流量检测设备”展示图

5）必须尽可能降低客户对产品优势的认知成本

无论是在产品设计还是产品销售的过程中，都一定要尽可能地降低客户对产品优势的认知成本，客户对产品优势的认知成本越低，产品就越容易被客户所接受。客流量检测设备作为商用设备的一种，其续航能力是各大公司都非常看重的一项属性。芒果贴公司生产的红外对射类型的客流量检测设备，是当今世界上功耗最低的客流量检测设备之一，其耗电量在全球同类产品中是最低的，为同类产品的 1/10，也就是说它的电池续航能力是同类产品的 10 倍，而其检测速度却是同类产品的 7 倍。为了将这一最大优势展现在客户眼前，芒果贴公司对第一次购买该类产品的客户，都会赠送万用表，同时配上检测线，让用户在 1 分钟之内就能测出功耗，此外还能用它直接测试竞争对手的产品，孰强孰弱，分秒立现。通过降低客户对产品优势的认知成本，从而迅速提高客户对芒果贴公司产品的认可度。

芒果贴公司一直秉持“穷尽所有的技术方案，把性价比最高的产品带给客户”的设计理念，在产品设计过程中，将经营理念和产品功能良好地融到一起，这也是芒果贴公司目前能在同行业中成为佼佼者的重要原因。

3.3 开拓市场——营销模式的合理选择

在高新技术产业中，产品和技术的革新固然重要，营销模式的不断革新也必不可少。芒果贴公司成立以来，经历了多次挑战，实践证明，若不能紧跟时代潮流就可能让企业滞后。因此，为了迎接营销模式转变对企业提出的第三次挑战，企业必须顺应潮流，及时调整策略，合理选择营销模式。

1）商用产品的营销

芒果贴公司商用产品的营销主要可分为三个环节。

第一，在产品推广方面，芒果贴公司成立早期，其商用产品主要通过 SEO 模式进行推广，由于当时 Google 刚刚进入中国，百度还没有出现，此时在 Google 中搜索“people counter”关键词时，芒果贴公司总能出现在前三个搜索结果中，每天都有大量外国客户发出询盘，这为公司创造了极大的收益。然而，随着百度推出竞价排名和 Google 从中国退出，SEO 模式优化的产品推广方式逐渐不再适合被中小企业作为宣传手段，因此，芒果贴公司也不得不放弃这一途径。为了应对这一挑战，企业开始寻找新的营销方式，最终将目光锁定在 EDM（电子邮件营销）上。随着互联网普及程度的逐渐提高，电子邮件开始成为几乎每个网民都会使用的社交工具，这让电子邮件营销方式的潜力大大增加，可以作为电子邮件营销方式的辅助软件——爬虫软件也就应运而生。它是由技术员通过编程设计一定的规则，从而按照规则在万维网上抓取关键词，进而找到具有发展潜力的客户及其邮件，从而进行产品推广。

第二，在进行产品销售的过程中，认知成本作为商用设备的固有特点，往往成为产品营销过程中的难点，而这一点，在跨境业务中表现得尤为突出。在展开跨境业务的过程中，企业往往很难直接接触到最终用户，再加上商用设备在操作过程中会有很多专业词汇，这就导致只有拥有过硬的英语能力和专业素质的人才能拿起设备直接用，而大部分不具备相应能力的客户往往就只能使用本地设备生产商生产的设备，因为只有这样，在设备的使用过程中才能够更容易得到帮助且享受一定的售后服务。

对此，芒果贴公司从两方面着手进行应对。一方面，进一步完善传统销售渠道，通过寻找代理商来降低客户的认知成本，尽管这可能会增加销售渠道的长度，进而提高产品价格，但也由于代理商的存在，降低了与客户的沟通难度，增强了客户对产品的信任感。另一方面，合理利用直播、视频等方式，将产品的使用方式和操作方法录制下来，通过将视频翻译成各个国家语言的方式，来降低顾客的认知成本。

第三，在与客户关系的维系方面，加强与客户的互动性，及时收集和回馈客户意见。在即时通信工具逐渐兴起的今天，与客户维系的方式也要顺应时代潮流而不断变化，合理地利用好第三方即时通信软件。一味遵循过往电话、短信的交流方式可能将不再适合。在销售前，根据客户习惯，选择客户常用的第三方社交平台，通过视频、语音、文字聊天等方式与客户沟通，减少客户与企业的距离感；在销售后，让客户在产品的使用过程中无论何时都能第一时间寻求到帮助，对此，芒果贴公司通过建立 24 小时工作的微信服务号和客户服务热线来保证售后服务。

2）民用产品的营销

芒果贴公司的民用产品主要为“芒果贴”，这款产品可以让子女随时了解老人衣食住行的需求，是目前市面上唯一一款老年人零操作、零佩戴、不充电的，既能了解老人生活起居，又能关注老人健康的设备。与商用的客流量检测类产品不同，民用“芒果贴”的目标市场主要为关注空巢老人健康的子女，产品的使用对象为空巢老人。在这一产品的销售过程中，芒果贴公司采取多线并进的销售方式。

一方面，“芒果贴”产品与现今关注空巢老人身体健康这一社会热点高度结合，让“芒果贴”在销售过程中得到了政府方面的极大支持。根据全国老龄工作委员会办公室给出的数据显示，我国老年人口数量不断增加，2014 年我国 60 岁及以上的人口数量为 21242 万人，占总人口数量的 15.5%，高出 2010 年 19.6 个百分点，其中 65 岁及以上的人口数量占总人口的比重达到 10.1%，而国际上通常把 60 岁以上的人口占总人口的比重达到 10%，或 65 岁以上人口占总人口的比重达到 7% 作为国家进入老龄化社会的标准。在这样的背景下，空巢老人的身体健康情况尤其值得子女关注，而“芒果贴”可以让子女时时关注老人的健康状况，在极大程度上缓解了这一社会问题。因此，芒果贴公司抓住这个机会，积极与政府合作，在 2015 年 12 月，“芒果贴”获得“2015 年度南京领军型科技创业人才引进计划”100 万元的项目扶持。同时还与朝阳区养老服务指导中心合作，在三里屯幸福一村社区、劲松社区、长营社区等多个社区展开试点。

另一方面，芒果贴公司也紧跟时代的步伐，让“芒果贴”产品在推广过程中，不仅使用了现有商用产品的成熟营销渠道，还增加了第三方电商平台、产品体验店这两种销售方式。通过与经销商洽谈，在京东、天猫等多家电商平台均可购买到“芒果贴”，这不但增加了产品的宣传渠道，更让消费者能够非常便捷地购买商品。而在“芒果贴”体验店中，更是可以让客户能够切身体验“芒果贴”的功能，还有专业人员讲解产品的使用方法和使用技巧。

4 未来展望

芒果贴公司将一直践行“留好口粮，大胆投入”的发展战略，将现有的产品和研究成果当作口粮，作为企业在现阶段的立身之本，同时继续保持创新常态化的研发态度，大胆投入开发新产品，不断开拓进取。下面是企业目前最新的发展方向。

第一，在民用设备领域将继续寻求更好、更适合实际应用的养老设备。通过进一步研究国家养老政策，寻求更好更适合养老产品的发展方向，设计新产品，在养老领域继续做大做强。同时，开拓新的民用产品，让更多的人享受到人体检测设备带来的便利。

第二，在商用设备领域进一步扩展门类。芒果贴公司作为人体检测设备的行业先驱，还将不断创新，升级产品，走在行业前沿。此外，芒果贴公司会在商用设备领域继续扩展，将设备检测的对象从人体扩展到大型设备，通过对温度、电流等指标的监控，来监测如风力发电机、石油开采机、大小型变电站等相关大型机器的运行情况。

第三，持续探索发展机会。未来总是不确定的，每一个技术创新、社会热点、政治事件、自然事件的背后都有可能蕴藏着巨大的商机，而商机的背后也往往蕴藏着巨大的挑战。芒果贴公司将在未来继续探索所有可能的发展机会，抓住机遇，迎接挑战。

“以光传播能量，用光改变世界”
——广明源光科技股份有限公司的发展之路

姜少敏

1 引 言

广明源光科技股份有限公司（简称广明源）成立于1998年，注册资本5463万元。广明源坐落在美丽的侨乡——广东省鹤山市共和镇，占地面积近80000平方米，有员工1000多名，是一家生产各类光源产品，集研发、生产、经营为一体的国家级高新技术企业。

截至2016年底，广明源已获得和申请受理中的专利共155件，其中12件发明专利，88件实用新型专利，55件外观专利，16件外国专利，并参与了国家标准《普通照明用非定向自镇流LED灯能效限定值及能效等级》（GB 30255—2013）的制定。经过多年的发展，广明源勇于开拓进取，取得了令人骄傲的成绩，企业规模也不断扩大，生产能力和技术水平不断提高，并和一些国际著名的照明设备生产企业建立了良好的合作关系。

广明源现有的产品十分丰富，其主要产品包括LED灯、高低压卤钨灯、金属卤化物灯、机动车灯、植物生长灯、户外照明系列、碳纤维远红外线理疗系列、紫外线健康等光源电器数百个品种，年产各类电光源照明产品数亿只，产品远销欧美等数十个国家和地区。2013年年产值为4.088亿元，2014年为4.186亿元，2015年更上一个台阶，年产值达到4.87亿元，出口额达4181万美元。

取得如此辉煌的成就，和广明源广大员工付出的努力是分不开的，特别要提的是公司的创始人和领路人——董事长洪燕南。洪燕南从小家庭条件不是很好，但他学习刻苦，以优异的成绩考入复旦大学物理系。20世纪80年代末，复旦大学每年从洪燕南的家乡福建省招生的人数相当有限，往往一个县仅一两个，而物理系的要求更高，家境清贫的洪燕南，能进入该系非常不容易。复旦大学的福建学生以学习刻苦成绩优良而闻名，而胸怀大志的洪燕南更是让人记忆深刻。在求学期间，洪燕南学习非常刻苦，成绩优异，掌握了扎实的理论及专业技术和知识，为他以后的工作特别是创业奠定了坚实的基础。1991年，踌躇满志的洪燕南从复旦大学物理系毕业，被分配到佛山某照明企业，并被分到灯泡生产线上，从事检测灯丝之类的简单工作。寒窗四载，学到的知识却没有一展抱负的机会，洪燕南有些失落，工作过程也不十分顺利。三年多生产线上的工作，也许磨掉了他初入社会的棱角，但并未磨灭洪燕南的意志，要过不一样的人生的情绪在不断地增长。在工作合同即将期满之时，洪燕南毅然选择了离开，舍弃了国有企业的稳定收入和生活。他一边读书学习，默默积攒着力量，一边也在不断地寻找机会。1996年，辗转一年后迫于生计的洪燕南来到了江门鹤山某个镇办企业。无论多么困难，洪燕南都没有放弃心中的理想。

终于在积累了7年多的经验之后，在机缘巧合下，洪燕南毅然决定自己创业。1998年，广明源成立。洪燕南开始了艰辛的创业历程。创业初期，洪燕南利用借来的20万元为初始资本，在租来的300平方米的厂房中，和七八个招来的“亲戚员工”一起，开始了艰苦但又不断创造奇迹并最终走向辉煌的人生历程。

广明源刚刚成立时，企业规模非常小，如何在竞争激烈的市场中生存下去成为首要的问题。经过审慎考虑和详细调研后，洪燕南决定避开主流市场的竞争，选择生产相对冷门的产品——圣诞树灯泡。而由于生产规模小，如期交货的压力很大，为了能够如期交货，洪燕南经常和员工一起通宵加班生产。同时，洪燕南深知，无论企业大小，产品质量都是制胜的法宝。因此即使在企业人手不足，供货压力很大的情况下，他都一直严把质量关。正是凭借过硬的产品质量，广明源的灯泡在客户群慢慢地树起了口碑，广明源渐渐在市场上站稳了脚跟。到2002年前后，广明源已经从十来人的小作坊升级为厂房面积3000多平方米，员工300多人的小型企业。公司不断盯紧市场，积极创新，进一步发展壮大，成为一家拥有1000多名员工、能生产数百种光源电器产品的高科技照明企业，并与一些知名的国际照明企业建立了长期的合作关系。在公司的发展过程中，公司的创始人洪燕南带领员工励精图治，不断创新，期间既有遭遇坎坷和挫折时的彷徨，也有不断创新的产品被客户认可的喜悦。不管怎样，他们都不改初衷，始终坚持客户至上，在控制成本的同时保证质量，把产品做到极致。2014年5月，在第五届中美企业峰会上，广明源凭借其优秀的系列照明产品和极具前瞻性的“智能光环境”理念，一举夺得2014中美企业峰会金奖，这标志着中国光照明企业开始在国际崭露头角。与此同时，广明源也获得了国家级、省部级的多个荣誉称号，成为中国民营工业企业的佼佼者。广明源也成为江门照明电器行业协会会长单位、广东省照明协会副会长单位、广东省中小企业创新产业化示范基地、中国绿色照明教育示范基地、中国优秀工业单位。洪燕南在2014年获评为“中国工业十大杰出人物”。

广明源的发展离不开这位睿智的领路人。洪燕南已经不满足于只做灯泡，他还期望用光来提升人类的生活品质，解决人们在生活中遇到的各种问题，对探索和挖掘光的价值充满了热情。洪燕南常说“创业不能等到所有条件都具备了才去做，而是你前进了，资源才会找上门”，基于这种不怕失败、敢于尝试的精神，洪燕南带领广明源不断创造着辉煌。从一开始的怀才不遇，到成为中国照明行业的领军人物，洪燕南经历了无数次的挫折和失败，支撑他最终走向成功的是永不放弃的强者的心态、找准事业方向坚持到底的精神、谦逊低调的处世之道和对人性的尊重及关爱。

2　积极打造自主品牌

1998年成立之初，企业规模非常小，只有不到十名员工，生存下去是广明源最迫切的问题。但是企业小也具有一定的优点，那就是经营灵活，决策集中，“船小掉头快”，在创业初期具有一定的优势。经过对市场的考察并结合自己的专业知识和工作中积累的经验，洪燕南决定从生产圣诞树灯泡起步。虽然起点低，规模小，产品只是一只只不起眼的圣诞树灯泡，但是洪燕南不敢掉以轻心，坚持以质量求生存，并不因为供货压力大而降低质量，他和员工经常加班，工作到深夜。因为他们生产的灯泡质量好，在客户中慢慢积累了良好的口碑。圣诞树灯泡一般不会单独出售，它和圣诞树是非常典型的互补品，消费者一般会和圣诞树一起购买，且通常也不太注意灯泡的品牌。可以说洪燕南具有非常敏锐而独到的眼光，起步时选择这个相对冷门的产品，在保证质量的情况下，企业迅速在市场上站稳了脚跟。洪燕南并没有被一时的胜利冲昏头脑，他明白，企业要发展并不断扩大，仅靠一种产品是远远不够的，必须逐步扩大企业规模，生产更多的品种。企业只有能够生产照明电器的系列产品，才能进一步开拓市场，在竞争中生存并发展下去。梅花香自苦寒来，经过二十年的创新与发展，广明源从一个只能生产圣诞树灯泡的小作坊，凤凰涅槃，转变成一家拥有1000多名员工，具有现代化厂房和生产及测试设备、具备自主研发能力的中型民营企业。

目前，广明源已经能够生产五大系列几百个品种的产品，其主要产品系列包括卤素灯和节能卤素灯（比钨丝灯节能30%）；LED灯（灯丝灯、面板灯）；车用照明系列；植物生长灯；户外照明系列；特种光源及碳纤维远红外线理疗系列、紫外线健康等系列的数百个品种。年产数亿只产品，产品主要销往欧洲、北美和南美等十几个国家和地区。广明源的产品品种齐全，质量稳定而优异，已具备较强的在国际和国内市场进行竞争的实力。广明源一路走来，有荆棘、失败和挫折，但也有不放弃的收获和成功的喜悦。

2.1　不断创造辉煌——广明源的发展历程

广明源的发展历程是个不断创造辉煌的过程，洪燕南带领他的管理团队和广大员工不断克服困难，坚持自主创新，保障产品质量，把产品做到极致，用不到二十年的时间就把一个只有不到十人的小作坊，建设成一个具有现代化生产线和检测能力的高科技民营企业。我们来一起回顾广明源的发展历程。

（1）1998 年，广明源正式成立，当时只是一间不到十人的小作坊，利用租来的一个旧厂房，主要生产圣诞树灯泡等小型装饰光源。

（2）2002 年，通过 ISO9001 质量体系认证，这对于公司来说有着重要的意义，表明企业能持续稳定地运行质量管理体系。同年，公司建立了国内先进的紫外线灯生产线，并投入大批量生产。

（3）2004 年，广明源与国际知名品牌的研发中心初步接触并达成合作意向，为后续共同开发全新光源奠定了基础。

（4）2005 年，广明源占地近 80000 平方米的新工厂开业，并正式成为国际知名品牌照明企业的战略合作伙伴。

（5）2006 年，通过 ISO14001 环境体系认证，同年汽车灯研发团队正式成立，并成功投入系列产品生产。

（6）2007 年，是广明源的丰收年，斩获"中国最具影响力品牌""灯饰照明企业 50 强"等多项荣誉。

（7）2008 年，通过了 TS16949 体系认证，这意味着公司的汽车灯生产研发项目取得了成果，同时获得国际照明品牌企业的认可，成为"最佳供应商"。同时，开发金卤灯并投入批量生产。

（8）2009 年，建立 LED 灯研发中心，并开始批量生产 LED 灯。

（9）2010 年，广明源成为世界最大的节能卤素灯研发制造基地，其中一种规格成为卤素灯的经典产品。

（10）2010 年，致力于打造绿色照明解决方案，并签订了各行业的合作伙伴。

（11）2011 年，广明源开发出健康生活系列产品，如紫外线鞋内杀菌器、红外线理疗仪等，并投入市场。

（12）2013 年，公司开始批量生产碳纤维远红外线发热管。

（13）2015 年 5 月，广明源控股公司广东绿爱生物科技股份有限公司正式成立，公司主要从事 LED 植物照明灯具的研发、生产、销售；室内大型植物工厂的技术推广、LED 人工光蔬果栽培技术服务指导；植物生长箱及各类配套设备的研发和销售；无公害蔬果和中药材的生产及销售。核心业务是为客户提供专业、高效、节能、环保的 LED 室内植物照明工厂的规划与设计方案。

（14）2015 年，公司专业生产的 LED 灯丝灯、面板灯全面推向市场，赢得了国内外客户的好评。

2.2 主要产品——不断创新和进取的标志

广明源是集光源和高效器具研发与生产、照明设计及光应用为一体的高科技企业，广明源人深深懂得要在激烈的竞争中不断发展，必须不断推动产品的更新换代。他们主要从三个层面进行规划来推动产品的更新换代。第一个层面，只是生产灯，也就是单纯生产产品；第二个层面，是广明源人一直在努力的，那就是不但要把灯做好，还要为客户提供优质的绿色照明解决方案，如 2012 年推出了“照尚”品牌系统及在某些大型酒店做照明改造，就是从舒适、节能等方面为客户提供有益的照明方案；第三个层面，也是他们进行了一部分但还有很多待开发的，就是在做好灯、优质照明解决方案的基础上，利用光来为人类提供多姿多彩的服务，这也是他们未来努力的方向。这种从这三个层面不断推进产品更新换代的思想一直贯穿在广明源的管理、研发和生产中。从更广泛的意义上讲，洪燕南不仅是简单意义上的企业家，更是具有勇于钻研的精神和远见卓识的企业家。他认为，人类赖以生存的光，蕴藏着丰富的内容，光不只是用来照明，光谱中的不同波段有不同的功用，广明源需要不断地挖掘光的价值，开发出优秀的产品。例如，光在保健、消毒、美容等方面的应用，2012 年 10 月广明源获得“中国制造之美优秀奖”的鞋伴侣产品，就是进行光的独特开发应用的结果。深入进行光的研究、开发和运用，将为产品的升级与换代提供广阔的空间。目前，广明源正加紧这方面的研发，以践行企业提出的“创享光明，提升人类生活品质”的口号。在加强产品开发的同时，广明源也注重做好知识产权保护，目前广明源除了在国内申请专利之外，在美国、加拿大等国家也做了商标注册和部分专利申请。

广明源已经从生产圣诞树灯泡这一冷门、单一的产品发展成目前的五大系列几百个品种。历经十几年的技术沉淀，广明源的产品已主要销往欧洲、北美、南美等海外市场几十个国家。其主要产品系列如下。

（1）LED 灯系列——LED 球泡灯

广明源的 LED 灯是其近年的主打品种，生产包括 LED 射灯、日光灯、灯丝泡、球泡灯、吸顶灯、天花灯、筒灯、面板灯等十几个品种数十个系列的 LED 灯，尤其是 LED 灯丝灯一直处于领先地位。广明源生产的 LED 灯系列产品使用进口 LED 芯片，具有高显示指数①、高光通量②；广明源的 LED 灯丝灯采用特殊散热工艺，灯丝灯的球泡内注入惰性气体，防氧化而且保证散热，寿命比市场上一般的没有注入惰性气体的灯丝泡寿命长 30%；同时具有光衰小，舒适护眼、无频闪、无蓝光、无光污染、360 度发光等优点。因此，在 2015 年 10 月 19 日召开的中国 LED 风云大会暨第四届中国 LED 行业风云榜颁奖典礼上，经过层层筛选和激烈竞争，广明源的产品获得了“LED 产品新锐奖”。LED 球泡灯系列主要用于居民

---

① 光源对物体颜色呈现的程度为显色性，用显色指数来衡量，100 为最高，照明设备都会低于 100。

② 光通量（luminous flux）指用来表示辐射功率经过人眼的视见函数影响后的光谱辐射功率大小的物理量，它等于单位时间内某一波段的辐射能量和该波段的相对视见率的乘积。国际单位制中规定，光通量的符号是 Φ，单位为流明（lm）。也可以通俗地理解为光源在单位时间所发出的能量。

室内照明，广明源的 LED 灯质量好价格相对低廉，而国外大品牌类似产品的价格比广明源平均贵两倍多，因此广明源的产品在国外市场也具有优势，是名副其实的绿色照明产品。LED 灯节能效果十分显著，在国内属于新兴产业，受到国家和各地政府的政策支持。例如，广东省将 LED 灯列为战略新兴产业，在“十二五”期间从财政中每年投入 20 亿元，五年共计 100 亿元支持 LED 灯的发展。因此，LED 灯的市场前景尤其是民用产品市场十分广阔。

（2）动植物生长灯

光不仅用于照明，还对动植物的生长具有促进作用。广明源早期就进行了动植物生长灯的研发和产品投放，其中的动物生长灯已销往德国等地。随着 LED 技术的不断成熟，广明源瞄准行业发展趋势，大胆进行跨界融合运用，建立了华南地区最大的植物工厂。

据加拿大标准协会（Canadian Standards Association，CSA）数据显示，我国 LED 植物照明灯具 2015 年第一季度的出口额为 713 万美元，而传统植物照明灯具的出口额为 376 万美元。可以说，2013 年之前传统植物照明灯具一直占据市场主体，2013 年之后 LED 植物照明灯增长率大幅提升，出口也相应扩大。未来相当长的一段时间内，随着全球 LED 灯应用于农业照明渗透率的提升，中国市场也会慢慢发展壮大。

由于 LED 灯具有传统光源不具备的光谱分布优势，对植物生长具有特殊的促进作用，在植物工厂、组培育苗和城市植物景观照明上都有着先天的优势。因此 2014 年以来，飞利浦、通用电气、松下、欧司朗等国际巨头均开始开发建立 LED 植物照明工厂。无论得意还是失势，广明源从来没有忘记跟踪相关产品的国际技术发展趋势，在敏锐地捕捉到行业国际巨头的行动和技术发展的趋势后，2015 年 11 月 18 日，广明源的控股公司广东绿爱生物科技股份有限公司正式开业，这是华南地区最大的植物工厂。目前绿爱生物科技股份有限公司在其植物工厂的车间里使用了 20000 多颗 LED 灯，预计还会安装 30000 多颗灯，进行系列蔬菜、名贵中药的无土壤、无公害的人工培植研发。广明源还同时为德国、美国、日本及国内企业研发和生产不同需求的植物生长灯。广明源的 LED 植物生长灯，采用精准的植物生长光源技术，可全面替代日光，增强植物的光合作用，极大地缩短了生长周期，提高了产量。LED 植物照明灯种植的水培蔬菜不受外在环境影响，因此粗纤维少、口感柔软、水嫩细腻，可广泛应用于餐厅、超市、家庭、蔬菜工厂及科学研究领域。但是在这种环境下生长出的蔬菜，成本有些高，并不能替代普通日光下生长出的蔬菜，但是使用 LED 灯照射生产蔬菜，能很好地解决边防哨所、军用船舶上官兵的蔬菜问题，也可用于沙漠缺水地区及北方高寒地区植物生长的需求，可以弥补这些情况下无法靠常规方法种植蔬菜的缺陷，因此也具有非常广阔的发展空间。广明源的植物工厂希望在企业自身的努力下，得到国际市场的认可。

（3）卤素灯系列——节能卤素灯

卤素灯因为在灯丝中加入卤族元素如碘和溴而得名，和白炽灯相比，灯丝的寿命更长。广明源的卤素灯系列产品包括插脚式卤素射灯、反光杯灯、节能卤素灯和高压卤素灯等。广明源是国内最早进行节能卤素灯研发及生产的企业，且节能卤素灯一直是公司前期的主导产品。广明源的节能卤素灯能够替代高耗能白炽灯，具有节能明显、光效高、耗电少，28 瓦卤素灯相当于 40 瓦白炽灯，可以节能 30%以上；光可调节，燃点方向不限；能够瞬时启动，不频闪；显色性好等特点，并使用环保材料。与 LED 灯相比，卤素灯价格比较低廉，但是使用寿命相对较短，一般在 500～1000 小时。而广明源生产的节能卤素灯，通过开发设计高光效、长寿命卤钨灯灯丝，改进排气封口机功能设置，提高真空度减少灯内杂质气体，以及开发新型的灯内填充卤钨循环气体，为了消除灯丝氧化增加排气封口机冲洗点氢功能等措施，对卤钨灯灯丝工艺、气体配方、灯珠结构等方面进行改良和优化，制造工艺流程得到改进，使产品的光效比普通白炽灯提高 30%，达到欧洲 C 级能效，寿命比普通白炽灯提高 2 倍，而且色温为连续光谱，有利于保健，生产原料及产品均绿色环保。广明源开发的卤素灯已经成为行业内的产品典范，代表目前卤素灯的最高水平。同时，广明源通过持续改善，降低了生产成本，并且在节能卤素灯领域具有自己的核心技术，成为全球最大的卤素灯生产和研发基地，产品在欧美市场受到普遍欢迎。

目前，广明源是世界上最大的节能卤素灯研发与生产基地，已经持续多年在节能卤素灯行业排第一位。在淘汰白炽灯而 LED 未能完全成熟普及的情况下，节能卤素灯以具有良好的显色性、连续的光谱、丰富的红色谱线、无频闪和低碳、节能的优点，在欧美等国家或地区仍有广阔的市场，在国内市场也相当广阔。广明源还在进一步挖掘节能卤素灯的技术、材料、工艺的潜力，力求把节能卤素灯做到极致，并持续保持节能卤素灯行业第一的地位。广明源未来在节能卤素灯领域的研发方向是如何进一步延长寿命，提高效能及降低生产成本，提高生产工效，同时注重新技术、新材料和新工艺的改进与发展，加强与国际知名品牌厂家的协作，继续保持公司在节能卤素灯领域技术和生产上的优势。

（4）户外照明系列——风行系列户外投光灯

广明源户外照明系列有户外 LED 路灯、户外洗墙灯、投光灯、工矿灯、防爆灯、喷泉灯、水底灯等多个系列几十个品种。风行系列的户外投光灯产品基本参数如下：电压，AC220～240 伏，50/60 赫兹；色温，暖白光/正白光；光束角，35 度；功率，10 瓦/20 瓦/30 瓦。该产品被广泛用于花园、酒店、立交桥、大楼轮廓、景观照明及城市亮化工程。专业软件设计的微型镜面反射器，可有效精确控制光线输出。该产品的优点如下：①独特的工业设计使分离的电气部分和灯体融为一体，既不影响美观，又能够很好地控制光源和驱动的温度，大大提高了产品光源和驱动的使用寿命。②灯体采用优质压铸和挤压工艺，材料选用低铜高耐蚀压铸和高强度航空级铝材，使产品具有良好的散热和防腐蚀性能。产品表面采用独特的户外、环保粉末静电喷涂处理，附着力极强。③独到的光学设计，使产品具有优秀的光输出效果，满足各种配光需求，使产品更具人性化。每个功率均有冷光和暖光两种，其中 10 瓦光通量为 780 流明，20 瓦为 1560 流明，30 瓦为 2340 流明，显色指数均大于等于 70。

广明源天籁系列户外 LED 灯具有外形美观大方、节能环保、可在–40℃使用等特点。该 LED 光源采用进口顶级芯片，显色指数大于 75。生产采用全自动封装设备，进口封装技术，寿命可达 50000 小时以上（约 10 年）。使用了稳定恒流驱动器。灯具外壳采用高导热系数的铝合金材质，导热散热快，同时还有过温保护装置。外形美观大方，节能环保，可在–40～50℃正常使用。广东省鹤山市共和镇大凹至平岭路段，周围群山环绕，为共和镇通往江门市的主要公路，这段路就安装了广明源的天籁系列户外 LED 路灯，并且路灯被安装在道路中间，确保灯具发出的明亮白光全都聚集在公路上，提高了驾驶员的能见度，同时最大限度地降低了光污染，道路行车更加安全。该系列产品降低了能耗，能耗的降低意味着运营成本的大幅降低，也使每年产生的二氧化碳相应减少。

（5）特种光源电器系列

广明源是比较早就开始进行特种光源研发的企业，从 2001 年开始，广明源就开始研发和生产紫外线杀菌灯。现在无论是产品还是技术均已经非常成熟。

广明源开发的特种光源应用于健康生活的电器产品，主要有紫外消毒器具和红外理疗产品两大部分，生产 UV3、E-T5、冷阴极和热阴极、E-27 等不同类型的紫外线杀菌灯，以及碳纤维远红外红外发热管等系列产品。其中，UV3 紫外线杀菌灯性能和特点如下。有两个规格的产品，分别为：220 伏 50 赫兹，配置 4.7 微法电容；120 伏 60 赫兹配置 6.87 微法电容或直流恒流源。配置直流恒流源开关次数数十万次以上。体积小巧，适用于净化器、冰箱、消毒柜、微波炉、加湿器、牙具等小器件消毒产品。有臭氧型和无臭氧供消费者选用。特种光源产品和人们生活直接相关，因此用途十分广泛，随着生活水平的提高，人们对生活品质和健康也更加关注，各类杀菌灯会有非常好的市场前景。

广明源生产的生活电器系列还包括智能暖脚器、碳纤维远红外暖身器、碳纤维远红外护理仪、碳纤维远红外护肩带等。值得一提的是智能暖脚器，使用方便，非常适合冬天使用，南方北方都适合。智能暖脚器光源属于碳纤维远红外灯，额定功率 80 瓦，灯管寿命为 10000 小时，开关调节方式为无极限调节，整机具有过热保护功能，配置温控器，颜色漂亮，外观小巧大方。产品具有升温快、能耗小、占用空间小、使用方便、安全可靠等特点。精选碳纤维红外线灯管为发热体，特别适合在寒冬季节使用，并以碳纤维丝为发热体，环保、无污染、无废气。同时，碳纤维发射 2.3～14 微米的红外线被人体皮肤和皮下组织吸收，可促进血液循环，增强新陈代谢，提高人体免疫功能。产品整机具有过热保护功能，配置温控器，安全可靠。具有无极调温模式，可根据个人舒适感进行调节使用。

广明源还生产汽车照明系列产品，包括卤素头灯、H 系列雾灯、指示灯、T5 仪表灯、T20/T25 刹车灯、转向灯、汽车卤钨灯、微型灯。走进广明源产品展厅，就如同走进灯的海洋，如同徜徉在灯从诞生到发展至今的时间长廊中，使人们既可以了解到不同时期灯的材料和制造的历史，也可以看到广明源各系列的产品，琳琅满目，令人目不暇接。各种灯具产品，造型各异，美轮美奂。十几年的历史足以创造辉煌，广明源人用自己的智慧和汗水不仅仅为人们的生活增加了亮度，带给人们更多的温暖和便利，甚至为未来智能生活增添热度。

2.3 制胜的法宝——卓越的产品质量

广明源创立伊始，洪燕南就知道，企业很弱小，竞争力相对薄弱，生存的关键就是保证产品的质量。因此，虽然是生产圣诞树灯泡，但洪燕南和他的员工克服重重困难，经常加班，也要保证质量。卓越的质量赢得了客户的信任，客户甚至愿意为广明源的产品多付一些钱。一个小厂就是靠着质量在强手如林、竞争激烈的市场中站稳了脚跟，并在以后的发展中一直把质量看作是企业的生命。在质量管理工作中，广明源管理层不断把优秀的质量理念灌输给各级领导和全体员工，同时公司高层领导也不断从实践中总结经验和教训，结合广明源的发展历程和未来的发展方向，不断摸索、总结和提炼，制定出切合企业发展的质量方针和质量目标，强化企业质量文化建设，完善公司质量管理体系和监督机制，营造从客户需求中持续追求客户满意的质量文化氛围，坚定履行社会责任，为公司稳健、快速发展发挥重要的作用。“关注用户、以人为本、不断创新、追求卓越”的质量方针充分体现了“品质驱动未来”的质量理念。

（1）具有广明源特色的质量管理体系

公司质量经理对广明源产品质量工作全面负责，组织制定企业质量目标、质量计划和质量安全保障措施；建立 ISO9001 质量管理体系；组织实施质量改进、精益生产、QC（质量控制）小组等群众性质量活动；开展质量教育培训；建设企业质量文化；等等。

经过不懈的努力，企业相继通过了 ISO9001 质量管理体系、ISO14000 环境管理体系、TS/ISO14949 质量管理体系等诸多认证。在日常的实际工作中，对体系不断地进行完善、更新和改进，认真组织和部署好体系每年的内审和管理评审工作，通过每年的内审、管理评审及外部监督审核对体系实施持续改进，保证公司质量管理体系运行的充分性和有效性，很好地保证了产品的质量安全。

为了在激烈的市场竞争中生存，也为了对自己的用户负责，公司在质量管理体系中引入了严格的质量风险管理规则。市场销售人员会第一时间将市场反馈回来的质量信息进行收集、汇总并交由品管部进行整改，进而敦促各相关部门对研发、技术、品管、配套等环节按照部门职能及管理流程从源头上解决问题，并形成规范杜绝漏洞。对于突发性产品质量事故，编制《不合格品控制程序》，当有产品质量事故时，及时进行召回作业。截至 2015 年 8 月，从未发生召回事故。

（2）质量文化建设的重点——6S 管理和 GPS 的建设

公司在质量文化的建设上，除了做好质量安全体系建设，增强自身技术实力，提高核心竞争力外，还广泛开展了具有广明源特色的质量宣传活动。各车间均有自己的质量宣传看板，公司也开展精益生产活动，推行 6S 管理及改善机制建设与改善管理，以现场突出的问题作为课题做重点改善。精益生产是个造物育人的过程，造物就是打造现场的 6S，育人就是通过精益生产培养出一批优秀的人才。

公司的 6S 管理如下。

整理（seiri）：把工作现场的物品分为必要的和没必要的，把没必要的物品撤出现场；

整顿（seiton）：把留下来的必要物品依规定定置摆放并做标识；

清扫（seiso）：将工作场所内看得见与看不见的地方清扫干净，保持工作场所的干净、清洁；

清洁（seiketsu）：将整理、整顿、清扫进行到底，并且制度化；

素养（shitsuke）：每位成员养成良好的习惯，并遵守规则做事，培养积极主动的精神（也称习惯性）；

安全（security）：重视成员安全教育，每时每刻都有安全第一的观念，防患于未然。

通过 6S 管理活动，规范工作和生产现场，培养员工的良好习惯，不断提高素养，保证产品安全和质量。

公司专门聘请有关公司的专家进行精益化生产的辅导，促进精益化生产工作向纵深推进，目前已经完成了 6S 普查、持续改善提案等阶段，深入进行了焦点课题研究和落实的活动，使企业基层管理工作的精细、精准、精益化得到不断加强。精益生产取得了令人惊喜的成绩，如紫外线车间通过开展精益化生产的焦点课题活动，生产作业用地减少了 1/3，人员减少了 1/8，产能提高了 5%。

此外，洪燕南还在分析和吸取日本经营之父稻盛和夫及一些世界著名企业管理精髓的基础上，结合广明源的实际情况创立了广明源生产管控系统：GPS，又被称为全息管理、共创共赢模式，具有非常鲜明的广明源特色。这一模式以班组为单位，建立“经营体”，班组长为经营体的小家长，以上一道工序为“供应商”、下一道工序为“客户”，实行班组的自主管理。同时，公司建立了相关的考核制度和利润返还办法。这一模式建立和实施以来，逐步地进行完善，有效地激发了班组的积极性和创造性。由于自主管理，他们会更主动地想办法控制成本，提高合格率和工效，一些材料浪费和人员配备过多的现象得到了消除，产品质量有了提高。广明源认为，班组是企业最小的单元，也是最基本的单元，把班组作为一个“经营体”经营好，就是从最小的单元把工作做好。这一模式的建立和施行，不仅在生产管理、成本考核上完成了细化，而且也融入了广明源的企业文化理念。员工不仅为企业创造了效益，也在提升自身的价值，因为他们可以通过自己的努力，分享公司的利润，并得到锻炼成长。

公司给予班组一定的考核指标，如果有收益，班组会从中享受分成，这一管理模式融入了精益化生产的理念，使班组长成为“小老板”“小总经理”，实行自我管理、自我完善和自我提升，同时也融入了广明源的企业文化——共创共享，这一模式在广明源推行多年，效果明显，对杜绝浪费、提升产品品质和产量、开展持续改善活动等起到了积极的促进作用，也从中培养了人才，特别是从基层挖掘和培养了管理人才。

（3）产品质量及售后

广明源产品质量稳定可靠，在历次的地市、省级及以上质量监督抽查中均获得好评，曾获得“质量信用 AAAA 级企业”称号。广明源产品严格执行内部售后服务的规定，因产品系列多，对不同类型的产品确定不同的质保期（一般为 1～2 年）。广明源明确规定：在质保期内，由于产品质量出现问题，且无法通过维修或更换配件达到良品标准时，可以办理退换货；能通过维修手段或更换配件达到良品标准的产品，由公司向经销商提供相关配件进行处理。对于产品已经超过质保期，出现零部件损坏导致灯不亮的情况，广明源将按产品成本价为经销商提供该产品需更换的配件。

广明源已经连续 15 年被广东省工商行政管理局评为“守合同、重信用”企业，质量诚信已成为公司的无形资产。在经济全球化的今天，质量发展已经成为世界潮流。广明源一直将质量管理切实贯彻到企业管理的每一个环节中，提升企业竞争力，提升效益，节约成本，通过严格的质量管理过程生产卓越的产品。

3 在创新中不断地学习和进步

广明源能够在激烈的竞争中不断发展壮大，与其对自主创新的高度重视和不懈努力是分不开的。公司一直把“技术自主创新”摆在企业发展的战略位置，公司产品有 80%采用了自主研发技术。公司始终重视科技创新及自主技术的研发问题，广明源成立初期就建立了研发中心，并不断地完善和壮大。广明源现在的技术中心按照现代化企业的管理模式与制度进行设置，从而保证了它的有效运转。企业技术中心由董事长亲自领导，技术总监具体负责，以技术委员会和专家委员会为决策层，分为产品研发中心、检测中心（品质部及实验室）、信息与知识产权部、战略发展部，办公室为管理层，是技术中心的主体，在公司的组织架构中起着重要作用。

广明源每年都会结合行业发展状况和公司的发展需求，提前进行科研规划。为了保证科研经费的落实，建立了研发保证金制度，每年按营销收入提取不少于3%的资金作为研发费用，并实行专款专用。不断加强科技人才队伍建设，建立并形成了制度健全、架构完整、机制完善的研发机构，目前研发中心设有 5 个研发部，开展近期和远期的研发工作。广明源的研发中心设有战略发展部、4 个产品研发部、1 个设备技术研发部和 2 个实验室，研发团队成员近百人。广明源已经成为国内同行业中技术发展最快和研发水平最高的企业之一。自主创新，要从收集市场需求入手，做细调研和信息收集的工作，磨刀不误砍柴工。创新的方向要源于市场，眼界又要高于市场，研发要领先于市场。公司形成了重视研发队伍建设，不断自主创新，提升品牌知名度的传统。同时精益求精，在不断开发新产品，进行技术创新的同时，还在不断地改进产品中存在的不足，并加以改善，使其更加完美。例如，虽然 LED 灯是现在发展的热门行业，具有很多优点，但是 LED 灯丝灯还存在一些缺点，如在散热、驱动电源小型化、灯丝制造工艺等方面存在问题，这也是广明源技术团队正在攻克的难题。

广明源的创新之路越走越平稳，越走越宽广。研发体系逐步建立，技术积淀日益雄厚，市场需求判断准确，行业趋势把握清晰，产品系列不断扩充。正是这种从失败中不断学习，向市场虚心请教，向顶级高手看齐的创新视野和居安思危的超前意识使得广明源终于走在了国内光源行业的前端。尤其是广明源与国际照明巨头进行战略上的合作，既帮助企业在市场上找到了自己的定位，又使企业在发展上迈出了关键的一步。

所谓创新，按照熊彼特的解释，就是要建立一种新的生产函数，即由企业家对生产要素和生产条件进行重新组合。熊彼特把这种新组合归结为以下五种情况：①引进新产品或生产出新质量的产品；②使用新的生产方法；③开辟新的商品市场；④获得原料或半成品的新的供应来源；⑤实现企业的新的组织形式。

熊彼特的创新理论尤其强调企业家在创新活动中的决定性作用。他认为，创新活动是由企业家来完成的，企业家是推动创新最重要的力量。企业家最重要的素质是他必须具有远见卓识，不仅对新技术、新发明的技术层面具有透彻的理解，更重要的是对信息的捕捉能力，以及对市场机会及市场前景的把握能力。企业家正是这样一些人，他们不断地寻找机会，把新产品、新技术、新原料和新工艺引入生产过程，并不断进行企业的组织形式和管理形式的创新。

熊彼特认为，创新能够发生，其关键在于企业家阶层的存在。他指出，追求利润只是企业家动机的一个方面，除此之外，企业家的创新活动还受三方面力量的驱使：①建立一个私人商业王国的愿望；②征服困难和表明自己出类拔萃的愿望；③创造和发挥自己才能带来的欢乐。正是在这些力量的推动下，企业家才具有强烈的创新冲动。所以，企业家精神的核心是具有远见卓识、首创意识、预见性、敢于承担风险、锐意进取的精神。因此，熊彼特所说的企业家已不是传统意义上的工厂主、经理。

正如我们所看到的，广明源的发展就是一个不断创新的过程。企业的管理者洪燕南则是位突破了传统意义上仅仅作为管理者形象的企业家，扎实的专业知识及对行业技术的熟悉，使得他能够敏锐地捕捉行业中存在的机会，把握行业发展的方向。例如，在某些产品的生产正处于国家大力支持期间，行业内其他企业纷纷加大投入进行生产时，洪燕南就未雨绸缪，开始探索和寻找企业发展的新机遇，推动企业产品不断地升级及实现企业的转型，避免了将来行业过热时的恶性竞争给企业带来的损失。作为真正意义上的企业家，洪燕南在企业的创新和发展中发挥了至关重要的作用。从某种意义上讲，他更符合熊彼特所描述的企业家，即具备真正企业家精神的企业家。正是在他的带领下，广明源不断研发出新产品，在市场中占领了商机，企业也日益发展壮大。

而创新的投入则是启动创新和维持创新的基础。创新投入能力是指企业在技术创新活动中投入资源的数量和质量。其中，按照国际通行的方法，可以将企业技术创新投入分为 R&D[①]投入和非 R&D 投入。其中，R&D 投入集中体现在资金投入和人员投入上。资金投入指研究开发、新产品生产准备、新产品营销等创新过程各阶段所需资金的筹集能力和运作能力。人员投入指研究开发、新产品试制、新产品生产、新产品营销所需要的设计、工艺和售后服务人员的招募、培训、调配能力。非 R&D 投入主要包括市场研究、设计、工艺和原料准备、广告和销售费用等。广明源十分重视创新资源的投入，近年来广明源投入的研发经费每年都在上千万元，占上一个年度营销收入的比例不低于 3%。广明源的创新之路无论是坚持产学研一体化，还是积极培养人才和不断补充新鲜血液，以及全员参与创新机制的建立，都具有广明源自己的特色。

3.1　积极进取，走产学研一体化的新路

因为出色的研发能力，广明源研发中心于 2014 年被认定为“广东省企业技术中心”。技术中心架构健全，配套了相应的激励制度，形成了完善的研发体系，有

---

① R&D，research and development，研究与开发。

很强的研发能力，每年均有新技术、新产品和相应的专利出现。这些研发创新的结果，推动了公司的发展，构成了支持公司持续发展的核心竞争力。同时作为国内少数拥有电光源核心技术的企业，广明源于2015年被授权成为博士后科研工作站。建立博士后科研工作站意味着广明源可以招收博士后研究人员，成为当地政府大力推动的技术创新的载体。这样既可以促进企业人才的集聚，也进一步提高了广明源的研发和创新能力，目前工作站已经开始运转，已有两名博士在商谈进站事宜。企业成为博士后科研工作站，标志着产学研相结合的新思路。

大学是科研成果产生的摇篮，是科技创新战略实施的源头，大学应发挥龙头作用，而企业则是将科技创新成果推向市场的有效载体，没有企业作为将科技成果直接转化成商业价值的平台，科技成果只能是束之高阁的理论。因此，大学、企业都是科技创新的不同层面的两个基本主体。根据熊彼得的创新理论，创新和发明是完全不同的概念，发明（invention）是个技术概念，指的是新技术的发现（discovery），发明不能创造生产力，也不会带来实际的经济效益。而创新是个经济概念，是将发明应用（application）到经济活动中。大学（科研机构）和企业在创新活动中各自扮演着不同的角色。大学（科研机构）的优势是发明创造，企业的作用是把好的发明创造引入生产中。只有企业将新的发明创造成果应用到生产中，创新才能发生，科研成果才能最终真正转化为生产力。

根据发达国家关于产学研一体化创新体系建设的经验，结合中国自主创新战略和产学研一体化创新体系建设的实际，可以明确定位我国大学、科技园区、企业、政府的功能，应分别是：发挥大学在产学研一体化创新体系中的龙头作用；发挥科技园区在产学研一体化创新体系中的桥梁和纽带功能；发挥企业将科技创新成果直接推向市场的有效载体功能；发挥政府在产学研一体化创新体系中提供公共服务的功能。在充分发挥企业自身研发团队力量的同时，广明源依托洪燕南的母校复旦大学的科研优势。在洪燕南的主动联系下，复旦大学电光源研究所的一些专业工程师开始为广明源提供技术支持和帮助，并于2002年牵线某国际照明巨头，促成广明源与其合作。同时还与华南理工大学、广东技术师范学院等高校建立广泛的产学研合作共赢模式，在推动科研成果转换的同时，进一步提升企业技术创新能力。随着博士后科研工作站的成立，不仅推进了人才引进、孵化的进程，也将进一步提升广明源产品的内在技术含量和品牌内涵。例如，广明源目前全面推动LED在植物工厂方面的研究。该项目现有电子和农业研发工程师6名，外聘专家5名，另外还与清华大学、中国科学院华南植物园、华南农业大学、南京农业大学、英国诺丁汉大学等共同合作，进行用于农业生产的光配方的研究。正是在不断践行产学研一体化的过程中，广明源的产品质量和技术含量均得到了大幅度的提升。

3.2 人才储备和培养

企业竞争与发展的关键是人才。广明源重视人才，舍得花本钱培养人才。技术研究中心努力结合研发工作推动人才培养，加强人才队伍建设，主要的方式为以老带新，并经常邀请专家来广明源讲课或进行咨询；安排研发人员参加相关的论坛和讲座，了解并跟踪技术发展动态，拓宽视野；外出调研，加强与同行之间的交流；分任务、压担子，提高研发人员的实际能力，较好地提升了研发人员的技术素质和研发能力，使一些青年研发人员脱颖而出，有 6 名年轻的研发人员由助理工程师晋升为工程师。

广明源明白，在培养和挖掘现有人才和员工才智的同时，企业的发展还需要不断注入新鲜血液，为企业的不断转型及时补充和更新人才，以适应瞬息万变的市场。对于如何得到具备专业知识的人才，广明源开拓了一条与高校合作的新路。为了保证企业所需要的各类人才能得到持续供应，广明源希望通过与学校合作，从而建立稳定的人才储备库。例如，公司成立初期就与西安航空工学院、西安航空学院、梧州学院、沙市学院建立了合作关系。2006 年，广明源又开始开拓校企合作的用人渠道。2008 年与佛山市高明职校电光源班合作，联合培养人才。2010 年，广明源将校企合作方式进一步深化，与广东白云学院进行了合作，在广东白云学院开设了“广明源班”，专门为广明源输送所需要的人才。广明源是一家具有国际视野的高科技企业，企业最初的重点放在培养掌握专业技能的人才，随着企业的发展及外部环境的变化，企业对人才的需求也多样化，因此需要储备多方面的人才。华南师范大学是一所拥有哲学、经济学、法学、教育学、文学、历史学、理学、工学、管理学等学科齐全的省属重点大学，广明源希望通过与华南师范大学合作，进一步加强公司团队竞争力。广明源与华南师范大学通过建立学生实习基地，为学生提供一个理论与实际结合的平台，让学生学到的理论得以实践，企业也通过该平台物色到公司需要的“千里马”，从而实现校企共赢。

劳动市场一个典型的特点是信息不完全，即企业（用人单位）对应聘者有一定的了解，但又不十分了解。不同的应聘者具有不同的工作能力，因此工作效率是不同的。在劳动市场上，企业和应聘者信息是不对称的。用人单位无法判断招聘者中哪些人工作是有效率的。对于企业来讲，如何招到合格的员工，这个选择的过程有时会出现一定的麻烦，虽然可以通过试用期等方式淘汰不合格的应聘者，但是因为需要重新招聘，时间成本比较高。一般情况下，企业可以通过审查简历、推荐信及面试等方法来尽可能多地了解应聘者的情况。企业在信息方面处于弱势，有可能出现“逆向选择”问题，逆向选择会使企业招聘的是工作低效率的员工，其极端情况是所有应聘者“表面看起来都一样”。而广明源的这种校企合作联合培养人才，以及为企业储备和筛选人才的模式具有重要的实践价值，也具有一定的推广意义。这种模式可以很好地避免招聘员工特别是高端人才时的信息不对称。广明源可以通过这个平台，根据实习学生的表现，找到企业需要的优秀人才。人才的选择也是企业和员工进行双向选择的过程，企业挑选人才，人才也在选择企业。广明源的这个平台，让这些未来可能成为广明源员工的人才提前了解和熟悉公司的环境、工作情况及员工的生活，更让他们了解公司的发展及未来，帮助他们做出正确的选择。

广明源除建立自己独特的选择和储备人才的模式外，还投入大量的资金对现有员工进行培训。每年投入上百万元用于员工的各种培训，广明源的培训内容和方式都十分丰富，对基层员工、中层和高层管理人员都有不同的培训，这些培训针对性强，效果十分显著。值得一提的是，广明源对于女职工培训的重视，这种理念和做法与同行或国内其他企业相比是非常先进的。妇女教育不仅仅是妇女人力资本价值的有机构成部分，而且是妇女人力资本形成的重要助推器。教育在女性人力资源开发中具有重要的作用。根据经济学原理，人力资本本身具有收益递增的特点，投资于女性所产生的晕轮效应，使投资收益不仅递增甚至一本万利，因为教育不仅使女性个人受益，而且惠及家庭，对子女的健康和教育都具有积极的推进作用，妇女教育会造福社会。1994 年世界银行公布了一项题为《促进妇女参与经济发展》的政策报告，指出对妇女教育投资的第一轮收益体现在经济方面的回报高于男性。马来西亚进行的一项研究也表明：“教育投资在各级工资和生产效率方面的纯收益，女性比男性高 20%”。在我国，由于历史传统、观念等因素，女性受教育的整体水平总体上低于男性。主要表现在：女性文盲和半文盲明显多于男性。据 2013 年统计，全国约有文盲 8000 万人，其中近 70%是女性，而农村女性的受教育程度又明显低于城市女性。

改革开放以来，我国乡镇企业、三资企业及第三产业的兴起吸收了大量的女性劳动力。广明源也不例外，广明源的员工中，男女比例几乎是 1∶1。许多夫妻在广明源工作，据 2016 年统计，广明源有近 300 对夫妻。女职工在生产生活中扮演着多重角色，不仅在生产中发挥着积极的作用，还在家庭和睦及稳定、子女教育等方面发挥着重要的作用。女职工文化等素质的提高，不仅会提高企业的劳动生产率，这些经过教育的女职工也会在家庭中扮演积极的角色，如教育孩子，孝敬老人，与邻里和睦相处。重视女职工的教育是在一定程度上使企业员工没有后顾之忧，安心生产，重视女职工的教育和培训意义不言而喻。为此，广明源在 2011 年 11 月 1 日挂牌正式成立鹤山市外来女工流动学校，公司希望以此为契机，多渠道加强师资培训，不断增强外来女工素质，提高外来女工的工作效率，实现女工、企业和妇联组织的“三赢”。在重视企业女职工的教育方面，广明源的理念是比较超前的。

3.3　别具特色的广明源创新激励机制——全员参与创新

洪燕南认为对于企业的创新，技术研发团队的作用非常重要，但是除了发挥技术研发团队的力量外，发动所有的员工参与创新也非常关键。如果员工参与技术创新和工艺流程的改善过程，会使创新成果落实在生产的每一个环节上，使劳动生产率大幅度提高。因此，广明源通过在企业内部建立良好的创新生态系统，最终使创新变成全体员工参与的活动。全员参与创新活动的成效十分显著。例如，2015 年仅车用照明部就对自动放料机、自动对焦机、自动打印机、自动测压机等 54 个项目进行改进，把分散作业的机器全部连起来，形成流水线作业系统，每个员工的月产值就增加了两倍多。这样，车用照明生产车间原本 130 个人的工作，现在只要 53 个人就可以完成，劳动生产率大幅度提高，大大降低了人工成本。这样的例子在广明源数不胜数。

为了更好地鼓励员工自主创新，激发他们参与研发和技术革新及改进的热情，广明源建立了别具特色的创新激励机制。广明源专门成立了一个被称为“持续改善委员会”的机构，主要作用就是发掘、引导、总结、及时激励在企业运营中积极创新的人和事，通过每一个人、每一个环节持续不断的改进，从高层管理到基层员工加以落实，以解决公司生产、经营中的各种老大难问题。与此同时，员工通过改善工作流程、方法，为公司创造的赢利和节约的成本均按照五五分成享受额外奖金。从产品的专利发明到日常工作中的持续改善提高，只要产生效益，都予以相应的奖励。2010 年，设备科一名从基层成长起来的经理黄四海，带领其团队针对生产线上的工作细节提出了改进意见，大大提高了工作效率并降低了生产成本，因此得到了公司给予的 20 万元奖励，企业兑现创新奖励承诺的举动极大地鼓舞了基层员工的创新热情。截至 2016 年，广明源员工共提出持续改善案件 472 件，为企业节约了 160 多万元。

此外，广明源还不定期地开展“创意沙龙”活动，谁有好的创意想法，都可以拿到“创意中心”，由“创意中心”负责人召集相关人员开展讨论，大家可以畅所欲言，在智慧的碰撞中，创意逐渐成为完善的方案，使好的创意能够应用于设计、生产；另外，车间遇到的一些技术难题，也可以在“创意中心”研讨，群策群力破除技术难题。广明源把“创意中心”称为“头脑风暴”或“技术沙龙”，这些经常性的活动，促使了创新工作能够广泛而持续地开展。

正是调动全体员工参与创新，为企业的生产和发展献计献策，使广明源不仅能够不断地创新，也使创新能够落到实处，创造生产力；另外，全员参与创新活动也使一批基层技术工人成长起来，有些甚至成为技术骨干，在生产中发挥着重要的作用。

专注主业，不断创新，企业的创新能力不断提高。正因为如此，广明源产品技术和品牌水平得到了不断提升。例如，节能型环保卤素灯，利润虽然不高，但广明源一直坚持把它做到了极致，成为行业内最大的卤素灯研发与生产基地，其中的一款产品成为目前卤素灯的典范产品，代表了国际先进水平，而另一款研发样品则将卤素灯技术水平再推上一个新台阶。

4 感恩互利共赢——企业发展壮大的基石

广明源能够从一个只有几个人的小作坊发展成一个员工上千人、拥有多项发明专利、技术和产品在行业领先的中型民营企业，是与董事长洪燕南一直致力于打造和发展的具有广明源特色的管理理念和企业文化分不开的。而这独具特色的管理理念和企业文化又随着企业的发展壮大不断地被充实和发展。

4.1 独特的管理理念和企业文化

广明源在短短十几年内发展到现在的规模离不开董事长洪燕南互利共赢的理念：为客户创造价值；为员工提供机会；为股东回报利润；为社会奉献光明。让广明源成为一个开放式的平台，以优越的条件和待遇吸引各种人才。洪燕南常说，每个人都有无限的潜力，而广明源只是挖掘大家的潜力，让大家施展才华。

洪燕南出身贫寒，寒窗苦读考上复旦大学，并取得优异的成绩。个人成长的经历，尤其是从小艰苦的环境及创业初期的困难，使洪燕南对国家和社会始终有一颗赤子之心。当年他用借来的 20 万元作为起步资本，和七八名员工在租借的厂房里开始了创业之路，广明源一步一步发展壮大，凤凰涅槃，由一个小作坊到具有自研发能力和技术的中型企业。洪燕南认为这一切成就的取得与很多人的帮助和支持分不开，因此他对国家、社会及帮助过他的老师、创业伙伴、员工、客户一直怀有感恩之心，也不断地用行动回馈他们的支持。

洪燕南认为只有爱护员工，关心员工，培养员工，员工才能用心生产，爱厂如家，从而使企业和员工实现互利共赢。因此从成立广明源伊始，洪燕南就一直用心打造其独特的企业文化，力图把广明源打造成像家一样温暖的大家庭，倡导爱心，实行人性化的管理。为了帮助遇到困难的职工，2006 年广明源专门成立了员工互助基金会，并在每月第一周的员工大会上举行公司捐 8000 元、员工捐 1～5 元的互助资金募捐仪式。至今基金会共资助员工 30 多人次。这种形式不仅帮助了有困难的员工，增强了员工对企业和同事的感情，提升了企业的凝聚力，同时也培养了员工的爱心和自尊心。提倡员工之间以家人相称，关心同事，团结友爱。公司坚持实行每周一升国旗、开家会制度，教育员工爱国、爱厂、爱家。2004 年开始每月举办一次集体生日晚会，每年年会节目均由员工自编自演。另外，还组成了读书会、球队、乐队、舞蹈队等业余文体小组。公司定期举办各类文体活动与技能比赛，丰富业余生活，提高员工的工作技能水平。

公司建有宿舍楼，还为夫妻提供专门的夫妻住房。为了使员工没有后顾之忧，广明源鼓励外来务工者的子女与父母生活在一起，并专门多次与当地的教育部门沟通，协调帮助外来务工人员的子女在当地就学，这些做法既体现了公司对员工的关心，也表达了对员工努力工作的感恩。与家人生活在一起，员工心情舒畅，干劲就格外足。企业处处为员工考虑，员工也以自己的行动回馈企业。在制造业特别是中小民营企业面临因“民工荒”进而人力成本上升的大环境下，广明源的员工队伍一直比较稳定。广明源的核心团队中，有几十个人是工作十年以上的老员工。其中夫妻双方都在广明源工作的人更是不在少数（有 300 对夫妻在广明源工作）。公司还购买了十多套商品房用来奖励表现优异的员工。用心对待员工，员工也会真心回馈企业，劳动的积极性极大地展现出来，提高了劳动生产率，实现了员工和企业的互利双赢。

广明源尊重和重视人才，打造独特的企业文化，关心爱护员工，使员工充分发挥自身的价值。员工与企业建立了深厚的感情。有位员工在加入广明源十周年时曾专门撰文抒发情怀，表达了对企业重视人才的感激。他写道：“入职电光源行业 30 多年，不管是在灯泡厂，还是在研究院，只是赖以谋生的职业而已。但是在广明源，它成了自己的追求，成为自己最有兴趣的事业，并在工作的过程中，除了付出体力和脑力的艰辛外，还能尽享工作和创新的乐趣。感谢广明源带给他的第二个如青春一样宝贵的黄金年华。”他还写道：“工作之余，我学习更好地生活：我的乒乓技术大大提高，让我在‘快乐节拍’中续写‘健康篇章’！我的笛声更加婉转悠扬，让我把一片真情化作心曲，献给广明源——我亲爱的家人！我的摄影技艺已经入了门，它把很多精彩瞬间留作永恒！我学会了萨克斯，心到，口到，身到，手到，手舞足蹈，手之舞之足之蹈之也，‘不亦说乎’！我拉二胡也流畅了，一曲《赛马》，教我与时间赛跑！我学会了并继续学习着如何在网络中‘百度’我的困惑和无知，我知道了如何组建最佳关键词，如何发挥人类特有的联想！”员工热爱企业的例子数不胜数，广明源的企业文化是企业爱员工，员工爱企业，以极大的热情投入到生产和创新活动中，在这一过程中，员工对企业的归属感大大增强，员工之间，老板和员工之间不是家人，却胜似家人。

以企业和员工之间的合作共赢关系为起点，广明源实现了客户、员工、股东、政府、社会等各方面的共赢。当前的经济形势下，很多企业尤其是制造型企业，都面临着劳动力成本上涨的难题。广明源 1000 多名员工的薪酬，在其成本构成中占据着很大的分量。但是洪燕南却认为，员工是企业的最大资本而非成本。企业投入相当大的资金定期组织员工培训，使员工不断地成长，员工为企业创造的价值也不断增加。在多年的发展中，广明源致力于重构企业与员工之间的关系，从原来的“老板与打工者”，到建立一种合作共赢的关系。2013 年 12 月广明源获得广东省最佳雇主工作联席会议颁发的“广东省最佳雇主”称号。

4.2 感恩互赢——积极回馈社会

通过为客户创造价值，广明源实现了与客户的互利共赢。一切以客户的需求为标准，在满足客户需求的基础上，帮助客户实现和提升价值。过硬的质量赢得了更多的客户，但是一些客户为了自己的利益，常常要求广明源降低产品价格。面对客户的要求，广明源尽力克服困难，通过不断的创新，挖掘企业内部潜能，节约成本。在成本上升的大环境下，尽量满足客户要求。关注客户需求，帮助客户增加价值，是广明源不断开拓市场，拥有越来越多的客户，并与一些国际知名照明设备生产企业保持长期合作关系的重要原因之一。广明源秉承合法经营、依法纳税的理念，积极回馈和奉献社会，企业也因此得到了各级政府特别是共和镇政府的支持，良好的政企关系不仅打造了政府为企业服务、企业奉献社会的良好模式，也使企业在良好的环境中不断地发展。企业的发展离不开政府、社会、客户、员工的支持，广明源在回馈员工和客户的同时，也在积极回馈着社会和国家。广明源依据“合法经营，回报社会”的公益理念，制定公益规划，积极支持共和镇及鹤山市的公共事业，以及扶贫等慈善事业。每到一个地方办厂，洪燕南所做的第一件事就是为当地的学校提供帮助，至今已对江门、南靖、长泰的数十名贫困学生给予了资助，使他们能够圆其求学梦。2016 年 9 月 28 日，广明源将与武警后勤装备研究所联合研制的 63 台“军警鞋靴消毒烘干机”无偿捐赠给天安门国旗护卫队，以此表达公司员工对国旗卫士的敬意。

广明源在做好自身生产经营的同时，还积极发挥示范基地的作用，来回馈社会和当地政府的支持。广明源主要是通过三个方面发挥基地的示范辐射作用。一是作为江门市照明电器行业协会会长单位、江门市福建商会会长单位，与协会、商会的企业开展了积极的沟通和交流，互相取长补短，把广明源在创新方面的体会介绍宣传出来；二是作为“中国绿色照明教育示范基地”，在宣传绿色环保节能照明理念的同时，把在环保节能产品方面的创新产业化示范出来；三是通过与政府、社会团体交流的机会，积极宣传企业创新的理念和做法。近两三年来广明源环保节能示范基地先后组织接待了 45 批共计 1500 多人次来自各个方面的团组、人员到广明源的展厅和车间参观，并进行了座谈交流。同时，广明源还接受了多家媒体的采访，2016 年被各类媒体报道的文章共计 16 篇，并制作了企业宣传片、产品微电影，既扩大了企业的知名度，也扩大了基地的示范辐射作用。

在互利共赢的理念下，广明源培养、关爱员工，使员工创造出更大价值。满足客户的需求，解决客户的问题，客户满意，企业就能创造利润。依法纳税，政府就会扶持企业发展。健康发展的企业也会获得银行的支持，突破中小企业融资难的瓶颈。

5 不断进取，实现营销模式的创新

广明源产品的市场分布中，东欧占 6.85%，西欧占 19.53%，非洲占 5.27%，中东和南亚占 18.56%，中国内地占 12.95%，日本和韩国占 2.57%，港澳台地区占 8.93%，东南亚占 6.26%，大洋洲占 2.13%，北美占 11.54%，拉丁美洲占 5.14%。近年来除了稳定开拓海外市场外，广明源在国内市场的销售也取得了不俗的成绩，尤其是在为客户提供更加舒适、明亮的照明整体方案方面更值得称道。广明源已为中国石油天然气股份有限公司乌鲁木齐石化分公司、厦门源昌凯宾斯基大酒店、广州广园客运站、万达广场地下停车场等数十家大中型公共设施、酒店饭店、商场提供整体照明设施或者进行照明改造。这些整体方案无不展现了广明源优质的产品，贴心的设计。舒适敞亮的光源，温和护眼，使广明源得到了客户的认可，为未来的发展和市场的开拓奠定了良好的基础。

在原有销售模式的基础上，广明源也不断与时俱进，积极尝试新的营销模式，从而在市场上不断抢夺先机。

5.1 打造新营销模式，联盟营销——“1 + 1 + 1＞3”

品牌联盟是现代企业重要的营销理念之一，是实现品牌共赢、确保品牌做大做强的有力武器，也是扩大品牌影响力和市场竞争力的有效途径。联盟营销将通过深度合作，整合各大企业的力量，制定一系列优惠政策，刺激消费，拉动需求。例如，2009 年雷士照明与欧派橱柜、东鹏陶瓷、大自然地板、红苹果家具和美的中央空调六大家居巨头在北京人民大会堂成立了国内首个家居行业“冠军联盟”，并取得了很好的销售业绩。但作为非强势家居品牌的光源电器、电工照明、家居灯饰企业如何才能在众多的品牌竞争中脱颖而出，就成为各个经销商关注的焦点。因此，光源电器品牌企业如何开展品牌联盟进行营销就成为企业关注的重要问题。联盟营销成功的充分和必要条件有三个：一是两个或几个主体为某个共同目标进行联盟后，应保持各自独立的地位；二是各个加盟主体都能分享联盟利益并能充分维护各自的利益；三是各个联盟主体都对联盟有所贡献。企业实行联盟营销，首先，选择适合的合作伙伴是联盟能否发挥作用的关键因素。企业品牌联盟合作伙伴的选择，应以品牌匹配为前提，双方在各自的领域要有很好的互补性；应以资源共生为基础，双方要拥有共同的、直接的或间接的市场营销资源；应以利益一致为动力，双方应将联盟资源聚合成为市场能量，实现品牌利益最大化，充分发挥双方优势，避免各自劣势。光源电器品牌目前在国内市场主要有灯具市场、工程推广和装饰公司等渠道，在二、三级市场进行品牌联盟营销时，要与当地经销商的切实需求结合，选择双方在各自领域内有很好互补性的产业品牌进行联盟。其次，要制定清晰可行的联盟营销政策。企业在选准品牌联盟的合作伙伴后，要有清晰可行的联盟营销政策：即品牌 1、品牌 2、品牌 3 等各投入什么样的资源；各品牌单独需要做哪些促销活动，以及各品牌联合起来需要做哪些促销活动；各品牌如何进行展示和推广等，只有制定好这些清晰可行的联盟营销政策，并达成一致之后共同抱团联盟推广，才能最终使品牌联盟实现“1 + 1 + 1＞3”的价值增值效果，从而有效地激活广大经销商及消费者的消费欲望，大幅提升产品的销售。

2014 年 9 月 18 日，广明源照明、正泰电工、金陵光源三个品牌，在湖南省衡阳市新菲鸿照明主导下，启动了第一场联盟营销推广活动。广明源照明、正泰电工、金陵光源均投入各自有很强互补性的优势资源，各品牌单独的促销活动加上各品牌联合起来做的促销活动，使来参加本次联盟营销推介会的 100 多名各市县经销商产生了浓厚的兴趣。正泰电工的众多新款产品展示与促销活动、金陵光源的展示与促销活动、广明源照明新试灯台、展架上的节能卤素灯点亮在会场上，吸引了与会嘉宾的眼球。通过会议演讲、面对面的沟通交流，广明源向大家介绍了电光源发展趋势、广明源介绍、产品介绍等推介活动，吸引众多经销商积极参与。客户对广明源节能卤素灯、金卤灯等产品兴趣浓厚，经销商纷纷在现场与三家联盟营销品牌订货，联盟营销取得了很好的成绩，从而使联盟的三个品牌均实现了“1 + 1 + 1＞3”的价值增值效果。

5.2 适应技术和时代的发展，从实体销售到电商——“触网”

随着科学技术的发展，特别是计算机技术和互联网的发展，电子商务也迅速发展起来，企业在进行分销、包销等传统销售方式的同时，利用互联网做电商成为一种趋势。广明源与时俱进，抓住有利于企业发展的一切时机，近年也开始“触网”。公司成立相关部门，雇用专门的人才，为广明源发展电子商务平台积极努力地工作。目前框架已搭好，效果也开始慢慢地显现出来。虽然网上销售额在广明源销售中所占比例还非常低，但是从实体销售到电商，对企业来说是一次积极的有意义的拓展尝试。网上平台也成为广明源品牌的展示窗口，消费者可以看到美轮美奂的产品，激起购买欲望，对广明源品牌推广和销售起到很好的作用。

目前广明源已经有广明源品牌天猫店和广明源品牌阿里巴巴店，以及型动派品牌天猫店和型动派品牌京东店四个网上销售平台。网上销售平台改变了以往产品不直接面对消费者的情况，对于提升品牌知名度，进一步开拓国内外销售市场具有一定的促进作用。网上销售的广明源产品品质优良，造型优美且价格低廉，同等型号的产品只有国际大品牌价格的 1/3 左右，具有相当大的竞争力。同时，这些产品都是以广明源品牌为标签，大大提升了品牌效应。

6 高瞻远瞩，提前布局——希望成为世界一流的绿色照明解决方案提供商

多年来，广明源一直致力于做灯，其生产的产品 80%销往欧美等发达国家或地区，LED 灯是其出口主打产品。LED 灯具有使用寿命长，节能环保的优点，一只 LED 灯可以使用 15 年，节能达 80%以上，在欧美国家或地区已经比较普及，中国的政策也开始支持 LED 灯的发展，因此具有非常好的市场前景。目前 LED 灯是个朝阳行业，吸引了行业内外很多企业、资金和人才的进入。但是，洪燕南认为越是在这种情况下，越应保持头脑冷静。广明源坚持在保持主业不变的前提下，不断挖掘光技术潜力，推出创新性产品。广明源把主业定义为三个阶层，不但要做好光源产品，提供好的照明解决方案，还要利用光的独特价值为提高人类生活水平服务。洪燕南说道，“人类生存离不开空气、水和光，而光的频谱十分丰富，不同波段有不同的功效。”广明源早期已经对这方面进行了深入研究，开发能够满足人们提升工作质量、生活品质的产品来不断为顾客创造价值。例如，用于减少汽车尾气排放、节油的产品；净化空气、净化水、杀菌消毒的紫外线产品；用于理疗、保健的远红外线产品；还有创新农业生产、人类生活的革命性的植物工厂等产品系列。洪燕南表示，只要有心做好主业，深入挖掘研究，就可以拓展出广阔的发展空间。

为了避免 LED 灯因发展过热而产生的恶性竞争，广明源根据企业的实际情况，进行调整，提前布局，及时实现转型，促使企业走可持续发展之路。2013 年，广明源率先在行业内提出要打造“智能光环境”的概念，在行业内引起相当大的反响。“智能光环境”概念，淡化了灯具概念，强调崇尚智能生活及对光明最本质的追求。其中，可控化、数字化、人性化是“智能光环境”的三大亮点，即能够做到定时控制和光感控制，不同工作环境和工作状态之间的智能切换。广明源希望用光来解决人们生活中面临的问题，用光来提升人们的生活品质，让更多的人能够共享光明。

广明源希望未来能根据人们在生产、生活、学习、娱乐、休息等不同状态下的身体状况和心理感受，通过科技化、人性化、智能化、数字化的光照系统给出

系统解决方案，从而提高光照对人的健康状况、精神状态和心理感受的积极影响，为人类创造更加健康安全的光环境。

随着社会进步和科技发展，人们走向未来生活方式的居家构想已不再是幻想。以数字化、智能化和自动化技术为基础的全新现代生活理念正在形成。利用现代计算机技术和网络技术，将光源与家居生活紧密地结合起来，人们傍晚回到家中，室内照明会按照需求自动开启，光度适宜，没有炫光和阴影，让人们感到温馨舒适。这些科幻小说中描述的画面在科技进步日新月异的今天，已不再是幻想，它将在如广明源等企业的努力下成为现实。

因此，为了寻求更大的发展机遇，广明源开始提前布局，并结合现代科技发展和人们消费、需求的变化，力图将广明源打造成智能化的绿色照明解决方案的提供商，即从“灯”向“照明”过渡。这种转变具有重要的意义。在以 LED 灯为主并结合其他光源，与移动互联网、物联网结合，同时深入了解消费者的需求，融入智能化技术，为消费者提供照明解决的“一揽子”方案，最终使广明源成为“智能光环境”的领导者。

广明源突破传统照明行业理念提出“智能光环境”理念，进一步确立了广明源在行业内的优势地位。广明源以人性化、数字化、自动化为设计理念，充分实现了照明的可云控、可编程、可感知，特别强调崇尚智能生活和对光明最实质的追求。“智能光环境”照明系统通过微处理器、微控制器和无线通信对灯光完成智能化配置，因时间、空间、情境而智能决定光环境模式，智能感知、自动适配、定时控制、光感控制，致力于为商业照明、办公照明、户外照明、家居照明等不同行业和领域提供“智能光环境”解决方案。

因此，在 2014 中美企业峰会上，广明源提出的“智能光环境”理念得到了中国和美国照明行业内外人士的普遍认可和广泛肯定。“智能光环境”理念开始迈出国门，走向世界，照亮了北美上空，也向着以“智能光环境”提升全人类生活品质的目标迈进。

“智能光环境”理念淡化了灯具概念，突出光照环境理念和整体解决方案，强调崇尚“智能”。广明源的具体产品和解决方案始终围绕“智能”这一基本理念。例如，广明源最新研发的智能台灯，这款智能台灯具有应用程序功能，iOS 用户或安卓用户可以通过蓝牙控制台灯，该程序可以根据不同的情景设置不同的模式，如看电影模式或读书模式。同时，该程序还可以使灯光在夜间不断变暗，或随着闹钟而打开灯光，非常实用和人性化。

另外，广明源还基于智能家居的“智能光环境”解决方案，通过为用户提供可连接家居照明设备的无线路由器，使用户借助配套的 APP 即可以控制家里的灯光，把普通的开关变得可编程、自动化。通过灯具直接和手机连线在 APP 中设置所需要的操作，系统会记住用户习惯并执行，通过 Wi-Fi 可在任何地方对它进行远程照明控制应用，进行智能操控。

广明源人一直不忘初心，他们坚持做灯，做好灯，立足主业，并不断跟踪和结合国际技术发展的趋势，不断挖掘光的价值，由生产灯到提供整体照明方案，再到“智能光环境”解决方案，每一步都稳扎稳打。相信在董事长洪燕南的带领下，广明源会不断谱写新的篇章，也祝愿广明源在打造自有品牌、扩大海内外市场上有更大的举措和成就。

自然出好茶
——广东顺德碧丽源茶业股份有限公司

程大为

1 引　　言

2016年12月21日下午，中国人民大学中小企业国际合作案例中心的一行人到达了广东顺德碧丽源茶业股份有限公司（简称碧丽源）的总部。这是继2016年4月案例中心远赴云南省临沧市沧源佤族自治县调研碧丽源茶园后对该公司的第二次实地调研。

碧丽源由郇氏两姐妹创业经营十多年。在云南调研时，公司总经理（妹妹）郇晓薇亲自接待了我们，带我们参观了碧丽源的万亩有机茶园，了解了茶的生产过程。广东顺德总部是公司的经营销售实体店，这次，公司董事长（姐姐）郇云雁也参与了接待。

郇晓薇一边拿出一袋白色素装的红茶沏泡，一边介绍碧丽源有机红茶——65里林间茶的包装设计："产品设计是时尚简约风格，为了符合年轻人的审美，它的表达语言是比较偏国际化的。现在国内的茶叶包装文化感强，以传统红色等民族基调为主，而我们这款呢，从外观上来讲，它和国内流行的茶叶包装差异比较大。例如，说包装上的这个'茶'字，我们把它设计成了'三木成林'，人在森林之间，有一种身临其境的感觉。一般一看就是个'茶'字，不过仔细看你就会发现它不是茶字。你再把这部分放大呢，就会看出它是'65'，代表'65里林间茶'这个产品的名称。图案中隐藏了世界地图，并且把茶园的经纬度镶嵌到了图案中间，按照这个经纬度定位可以找到茶园。这个图案的表达语言就很凝练、很国际化。颜色搭配上追求简单干净，因为碧丽源有机茶，不用农药，不用化肥，没有转基因技术，所以它用的是本白这个颜色，很干净，并且很环保。印刷方面用尽量少的颜色去印刷，回收的时候很好回收。"

产品如人，碧丽源的两位女老总能把最丰富的信息嵌入包装朴素的设计中，能把以工匠精神熬制的红茶用最简单的方式呈现在消费者面前，虽然朴素、简单却底蕴深厚。

话题转移到企业的经营上来，郇晓薇感叹说："现在所有做财务投资的人，一定不会看好我们这种重资产的企业，我们不像那种轻资产的企业，可以获得短、平、快的回报。重资产的企业一定会和长周期联系在一起。我们做的不仅是农产品的加工销售，我们做的是一个全产业链，它反映出来的一定是很长的回报周期。所以从财务投资这个角度上讲，是挺不受待见的。”

如郁晓薇所说，碧丽源是一个以茶叶种植、茶叶初制加工、精制加工，以及拼配加工、销售为一体的集团式专业茶叶企业，为茶叶全产业链经营企业。十几年前，公司从开山拓荒起步，在2014年产出第一批茶叶，现在刚刚完成产品的设计，离引爆国内市场还有一段距离。而这些年来，碧丽源靠两姐妹早期做茶的国际贸易收入支撑，投入了大量的资金，郁晓薇笑道：“自从做了茶园，从有钱人变成了没钱人。”图1为公司组织框架。

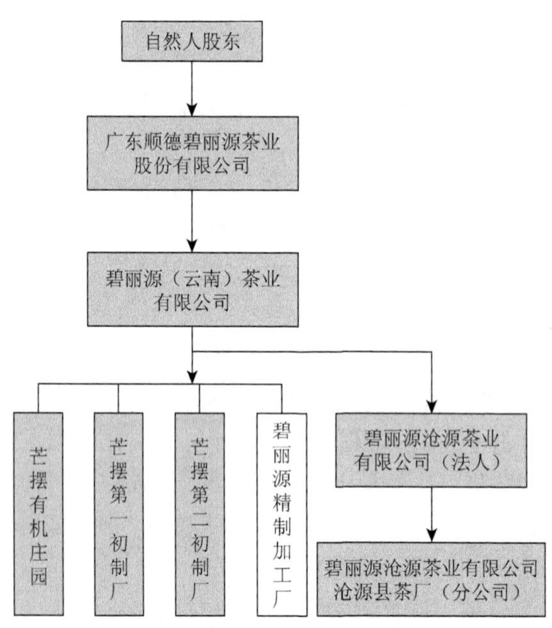

图1　广东顺德碧丽源茶业股份有限公司组织框架

注：阴影框均已建成，白框为待建

2016年，碧丽源完善了产品设计，初步拟定了市场营销计划。而这时，公司面临着财务、市场营销等各种困难。碧丽源能坚持下来吗？

本文通过对郁云雁和郁晓薇两位企业管理者面对面的数天交流，通过对碧丽源云南茶园和广东总部的实地调研，讲述了碧丽源坚守产品标准、坚守公司价值追求的故事，希望从标准、价值与企业经营的关系角度，探索企业常青的秘密。

2 自然出好茶

郁云雁很早就从事茶叶出口业务，为欧洲茶叶品牌商提供货源。2000 年 7 月 1 日，欧盟对所有茶叶出口国强制实行茶叶最低农残限量标准。虽然欧盟此前就已经发布预警，但是国内一些茶商抱有“法不责众”的心理，并没有认真对待欧盟标准，不相信欧盟会强制执行其新标准。到了 7 月 1 日，欧盟真的强制执行新标准，导致中国的茶叶出口量从上一年的 10 万吨锐减到 2.9 万吨，很多企业遭遇出口重创。国内很多春茶号称不打农药，结果一经抽检，有的样本农残超标 47 倍。虽然超标不一定致死，但是长期饮用，农残物会富集在人体内，对健康产生损害。

而郁云雁的企业因为对欧盟的通告比较重视，在供应系统上做了一系列的准备，控制了产品农残，从而赢得了欧盟企业的信任，获得了更大的发展。正是这件事情，坚定了郁云雁做好品质茶叶的信念。在做好茶的信念支撑下，郁云雁觉得，控制产品质量和安全，必须要往源头走。她有一些想法，其实是两种选择：一个是做渠道，这样回报很快，但是不一定符合做好茶的信念；第二个就是往上游走，做好源头。郁云雁决定选择第二个，拉上妹妹自己种茶。郁云雁曾回忆道：“当时我们也没想到有多难做，风险有多大，只是本能地出于直接思维，觉得做好产品质量控制，必须要从源头着手。业界觉得这是最傻的选择，资金投入巨大，相当于石沉大海。从此公司发展轨迹发生了变化，我们从中产阶级一下成为赤贫了。只有当你做过来，再回过头去看，才知道农业有多难做，这真不是玩笑。”

当郁云雁和郁晓薇决定生产有机茶时，第一个任务就是寻找合适的茶园。碧丽源有一个宣传语：14 年，65 里林间茶。14 年的过程中选择茶叶种植基地就耗费了近一半的时间。2000 年开始，碧丽源大概用一年时间考虑要不要种茶。从 2001 年开始选基地选了 5 年时间。郁云雁和郁晓薇在全国主要茶产地搜集样本，从产品端倒推，看品质，然后进行综合筛选，选到了云南临沧的小产区，就是沧源。这个地方自然条件非常好。第一，北纬 23°26′上下 3°的区间，被称为生物优生带。这是一个低纬度高海拔的区域，北回归线从沧源穿过，特别适宜种植。第二，常言道：高山云雾出好茶，当郁云雁和郁晓薇来到沧源考察时，才真正体会到这句话。沧源一年平均雾期有 147 天，日照很强，云雾对太阳光的部分色光有遮挡反射的作用，但是红橙光可以穿透进来，促进茶叶的香气物质很丰富；海拔在 1500～1800 米，海拔再高茶叶生长就太慢了，太低茶的风味就会受到影响。第三，该地区大的生态环境特别好，交通不方便，和外界往来比较少，没有工业，基本上没有污染，是有机茶种植的理想基地。第四，历史上沧源就有茶，有 300 多年的古茶树，因此是适宜种茶的。郇云雁和郇晓薇看茶园选址，首先要看茶园环境是否适宜植物的生长，其次要看土壤天气条件是否适宜茶叶的生长，最后要看茶园产出的茶叶的风格是否符合她们的预期，沧源完全符合郇云雁和郇晓薇的要求，她们和当地政府、农户商量，最后把茶园定在了芒摆村。

云南沧源和缅甸接壤，边境线有 147 千米，山区/半山区占县土地总面积的 99.8%，是老少边穷国家级贫困县。芒摆村是佤族村，3 万亩土地竟然有 1.5 万亩是荒山荒地。

2007 年 3 月 28 日，碧丽源开始开荒。在政府的帮助下，碧丽源组织了 5000 多人上山拓荒。荒山野岭，没有路，大型机器、车辆都上不去，只能靠人力一点一点拓荒。不管多么艰难，碧丽源都要求拓荒人要保护地被层，台地开垦之后要保留草。郇晓薇回忆那段日子时说："原先政府跟农民讲清洁化茶园，他们以为要把草都除了。我们的技术人员很着急，去反复沟通、更正。我们要求拓荒要保留原有的植株和树种，开挖还要绕着树走，台地也要有一定的等高线。"郇晓薇介绍说："当时我们只是想做 5000 亩，我们委托当地政府组织群众帮我们开挖，政府的人开玩笑说不到 1 万亩他们不做。其实我们也在想，农业还是要基于规模效益，所以还是选择了 1 万亩，最后开挖后测量实际占地约 1.49 万亩。当时一天有 5000 多名当地群众上山开荒，很壮观。"

碧丽源对拓荒的要求是：小树留根，大树留桩；开荒保留生态走廊，和水源相连通，保护生物的多样性；保护土壤，留梗边草，防止水土流失。正是这样的要求，在拓荒过程中保留了 16 万株的原生树种。

实际上，有机茶的孕育，并不仅仅指不使用农药，而是依赖一个庞大的自然生态系统去慢慢形成。如果你去芒摆村的碧丽源茶园，这里依旧是原始森林，青山绿水，虫鸣鸟叫。一位德国有机专家参观碧丽源茶园时，多次驻足，凝神细听，他说，不用做其他测试，一个能听到多种自然界声音的茶园，一定是好的。去碧丽源茶园，不是看 65 里林间茶，而是要听那里的声音，这是一个"听得见的茶园"。

拓荒之后，碧丽源是如何建设茶园的呢？自然出好茶，当然要用自然的方式来建设茶园。

第一，套种绿肥，深耕埋青，以草治草。树上掉下来的叶子落到土里也是肥料。还有一项技术还没用，就是如果绿肥太多腐不了，就放蚯蚓进去。碧丽源不用化肥。郇晓薇说："如果用尿素氮肥，一是土地能吸收的量是有限的，吸收不了的转化成氧化亚氮进入大气中，氧化亚氮是温室气体，比二氧化碳的温室效应还要强；二是下雨时，土地没有吸收的，就通过淋融作用进入地下水，对地下水形成污染。所以其实农业对自然的污染不比工业污染少。农药的部分，土壤越不好时越容易感染病虫害，病虫害越多要用的农药越多，所以就形成恶性循环，沉淀越来越多的有害物质在土壤中，又转移到‘农作物—食品—人体’的循环中。”

第二，多品种间种，色板诱虫，防控虫害。茶园合理规划、科学搭配、精心种植、统一时间、统一技术规程、统一标准，分别种植了勐库大叶种、云抗 10 号、雪芽 100 号、香归银毫等多个茶叶品种，保证了基地的种植水平，不同的品种有不同的抗性，多品种间种也作为植保措施之一来使用。

第三，全程清洁化技术集成。郁晓薇说："在开垦过程中，因为我们也不清楚到底要怎么定位茶园，所以我们请了中国农业科学院的陈宗懋院士，他是茶业界唯一的院士，做公司的顾问。他给的建议是做全程清洁化技术集成，茶叶有单项的清洁化技术，但是当时没有做集成应用的，因为有很高的门槛，但一定是以后的发展方向。所有的技术要点和操作方法都是陈院士帮我们做方案，我们来执行。在具体操作时，我们也请了中国农业大学专业从事种植专业研究的教授来指导，严格按照技术规范执行。这个流程的控制就比较严格。"多数人知道工业上清洁化生产，农业上还是少见的。碧丽源按照陈院士的要求，按标准来做。开荒后，光种茶就按标准种了两年（2007～2008 年），包括开挖台地也有标准，如台地要有两米宽、种植沟有多深、种植双行还是单行。种植之后不会百分百成活，还要补苗，整个补种完是到 2009 年。碧丽源当时预期从种下去 5 年可以投产，一般常规的茶叶是到 4 年就差不多了，但时长真的超出了我们的预期，这就是有机茶的孕育。

第四，在茶园中耕管理过程中注意生态保护。种茶时有意留下地埂上的杂草，茶树行间合理套种豆科植物等农作物，既提高了复种指数和土地利用率，又增加了茶农收入和土壤肥力。在茶农生产生活中尽量避免污染源的出现，对茶园内及周边的水源林地进行严格保护，建造人工小湿地，对生活污水进行集中统一处理后再排放，对生活垃圾进行分类收集、集中处理，减少和避免茶农生活给茶园带来的污染。碧丽源希望给子孙后代留一点生存空间和自然资源，希望在沧源的开发方式能最大限度地保护当地的自然资源和生态环境。

碧丽源的理念是"自然出好茶"。碧丽源相信土地里长出来的东西，要在保护自然的前提下去开发。如果不保护自然，在短期内或许能迅速获益，但到后期其实是无法持续的。郁云雁和郁晓薇认为高品质的产品需要从源头开始做，企业不创造商业价值就没有存在的必要，但是如果只创造商业价值，不创造环境价值和社会价值，企业的可持续性是有问题的。碧丽源的发展愿景就是"不求 500 强，但求 500 年"，希望目光长远。

碧丽源"65 里林间茶"的产出是缓慢的。因为不使用农药化肥，茶叶生长的过程是比较缓慢的。茶园的野草会和茶叶争肥、水和阳光，又不能使用除草剂，必须人工除草，在这一过程中草会争夺一部分肥料，所以茶叶生长十分缓慢。茶树长到一定高度之后，才会有一个优势生长的地位。这个过程超出了郁云雁和郁晓薇的预期，从茶树种下去到 2014 年第一批量产，用了 8 年时间。碧丽源 14 年创业历程：1 年思考，5 年寻找，8 年种植。用 14 年时间打造出了一个“听得见的有机茶园”。

3　制作三原则

2011 年，碧丽源在云南茶园建立第一个有机茶加工厂。这个茶叶加工厂从设计、建设开始就注重尊重自然，它的坐向符合风向，以便用自然的风萎凋、摊晾原叶。碧丽源茶叶加工厂坚持只有当自然的风不够时才会用风机，这样做的效果是环保节能。当第一个有机茶加工厂有了这样的基本理念后，碧丽源的所有设计都会贯彻这个理念。2013 年，公司建立了第二个有机茶加工厂。第二个有机茶加工厂的年产量是 350 吨，第一个有机茶加工厂的年产量是 150 吨。

除了自然出好茶，坚持在有机环境中培育好的茶叶原料外，碧丽源 2011 年开始研制特色有机茶叶，碧丽源茶叶制作的每一个步骤、过程都决定了茶叶的质量、特色。最一开始决定茶的好坏是在茶的初制阶段。茶青从树上采下来，制成干茶的过程是对它的品质控制最关键的点。还有生产的安全性问题，要控制物理危害、化学危害、不良微生物的危害等在生产加工中对茶叶的侵害。

最难的一个环节是茶叶品质或者茶叶特色的控制。农产品的品质随着天气、季节、区域、时间、加工批次变化，茶叶也不例外。品牌商为维持品质稳定及品牌信誉必须要依托专业茶叶拼配技术确保同一品牌同一品种产品的质量稳定。在中国茶行业中尚未普遍形成保持产品品质长期稳定的观念，在市场营销时更多地关注茶叶的历史文化，弱化了茶作为“饮品”的基本属性：安全、好喝。碧丽源通过多年的出口供货经验积累，掌握了和国际接轨的茶叶精制拼配核心技术，有企业自己的资深拼配师，可以保证能对客户提出的不同品质要求做出正确反应，形成拼配方案，并常年保证其品质稳定，最大限度地消除农产品品质波动这一特性对品牌产品带来的负面影响。

郁晓薇说：“我们企业过去主要是做茶叶的国际贸易，只要把品质控制好，然后贸易行为符合要求即可。自己生产茶叶才知道品质控制很难，需要技术方面的保障。因为一年有三季的茶，春茶、秋茶、夏茶，品质会有差异。同样是春茶，可能今年的和去年的就不一样，同一年的第一批、第二批、第三批加工出来也可能会有差异。所以茶可以说有年度差、季度差及批次差。因为茶叶不像工业产品，有一个模具，有一个绝对标准，而茶作为农产品奉行的是相对标准，这怎么来评价呢？就好比一个坐标，相对标准应该是有上下两条线，划出一个允许范围的区间。这个区间又是如何判定的呢？就只有我们专业的拼配师才能感受到这些变化，一般的消费者是做不到的。这就是我们的品质控制。怎么做到呢？这就需要一个拼配技术的保障。所以我们当时做国际贸易时，打通的一个关卡就是拼配技术。”碧丽源有一批从业多年的拼配师，他们靠人工的经验，像职业品酒师那样，掌握着茶的汤色、浓度、香气，造就了碧丽源茶的好品质。

如今的碧丽源应该是一个全产业链公司，包括种植、生产、加工等，这可以笼统地概括为生产制造业，后续是商业，再延展可能下一步就是服务业。事实上，碧丽源就从一个贸易商变成了一个生产商，从一个轻资产公司变成了重资产公司。至于为什么要花费这样大的气力去拓荒去建厂，郇晓薇说：“咱们是倒着做的，从贸易商到供应商，再到原材料的生产商。其实，这都是为了从根本上控制产品的品质。”

对于这样盈利慢的蜗牛表现，郇晓薇姐妹很清楚、很释然。郇晓薇坚定地说：“我们做企业，有我们坚守的价值观念，有我们做事情的判断标准，这个愿景就是我们的理想，我们会用一生做好这件事情。还有就是你的使命，你要做什么，你要达到一个什么目的，这些是不能变的。我觉得这个坚守的东西，选对了，那你就能走下去。”

伴随着茶园结硕果，茶叶生产成为公司日常工作的重点之一。在生产操作方面，碧丽源坚持着三原则。

（1）在食品安全上坚持道德

保证食品安全，不仅是一个管理过程，更是一个“道德生产”过程。它是食品生产者心灵的契约，只有坚守这份契约，才能让碧丽源立志的茶业事业，通过一点一滴的长期努力，为更多的人提供健康、安全的食品，保护当前人类和子孙后代的健康和福利，实现企业健康的可持续盈利。

（2）在管理过程中坚持科学

遵循自然规律和生态学原理，采用一系列可持续发展的农业技术，营造生物多样性环境，有益于有害生物和有益生物之间建立种群平衡，维持持续稳定的农业生产过程。

（3）在操作过程中坚持标准

只有在标准指导下的操作才可复制，能够在操作中坚持标准，也是企业的一种核心竞争力。表 1 是公司已经采用的标准。

表 1　碧丽源的标准盒

国家（地区、组织）	标准名称
美国	“雨林联盟”（Rainforest Alliance）可持续农业标准
中国	中国有机产品标准：GB/T19630—2011
欧盟	欧盟有机产品标准：“有机（生态）产品生产法规”

续表

国家（地区、组织）	标准名称
美国	美国有机产品标准："美国有机食品生产法规"
日本	日本有机生产标准
国际标准化组织	质量管理标准：ISO9001：2008
	食品安全管理标准：ISO22000（碧丽源采用 HACCP）

4　义利求发展

沧源佤族自治县位于我国西南边陲，西部和南部与缅甸接壤，是国家级贫困县、临沧唯一的革命老区，也是全国仅有的两个佤族自治县之一。由于历史文化和地理环境因素，当地经济社会长期处于落后状态。据有关部门调查，在 21 世纪初，该县农民人均年收入还不到 1000 元；农村地区基本上还保留着佤族原始的生活方式和习俗，以刀耕火种的轮歇式耕作为主，生产效率低下；村民缺乏基本的卫生健康常识，医疗状况较差，甚至存在小病（如发烧、痢疾）致死的情况；文化教育落后，很多人甚至没有上过高中。

2007 年，碧丽源来芒摆村以"土地流转 + 公司带领农户"的模式开始建设有机茶园。在这一模式下，农村一家一户散小粗放的土地经营转为企业集中规模精细经营，层层签订合同，保障林地流转，芒摆村共涉及流转荒地的村民小组 6 个，农户 340 户共计 1038 人。公司以"土地使用权流转到企业，管理权承包给农户，就地培训农户就业，统一技术标准"的方式实现对茶园的专业化管理，造就了一批有文化、懂技术、会经营、善管理的现代茶农。分户承包管理是指：在农民自愿的前提下，企业将建好的茶园承包给农户，由农户严格按照《清洁化茶园管理技术规程》和《茶山管理公约》进行管理和采摘，由公司支付给茶农管理费和采摘费，如不按规定管理和采摘即终止承包合同。同时，吸纳其他农村剩余劳动力进入企业的生产加工环节，使农民转化为茶叶生产工人。

碧丽源从在佤村扎根时就努力做一个具有社会责任的公司。2007 年初，一个非常偶然的机会，碧丽源在广东通过朋友介绍认识了友成企业家扶贫基金会（简称友成基金会）的理事长王平，谈到云南茶叶基地的项目，介绍称沧源是中国最后一个走出原始社会的地方，集老少边穷为一体的国家级贫困县。友成基金会说要倡导开发式扶贫和造血式扶贫，这与碧丽源两姐妹的想法非常契合。2007 年友成基金会组织了一个四人专家团到芒摆村考察，提出一个整村推进的设计方案。之后碧丽源两姐妹参加友成基金会的活动，第一次接触到"社会企业”的概念，郁晓薇说：“我们是一个商业企业，但是企业社会责任的概念我们是认同的，商业企业也要承担一定的社会责任，这是我们的理解。我们懂得义利求发展，要先有义，才会有利，才能长久的持续发展。如果是利在前，义在后，一定是短命的。”

如果你去碧丽源芒摆茶山的“芒摆茶农之家”，你会惊讶于这个茶农之家简朴却又科学的房屋设计，你更会惊讶地发现，这个茶农之家就是一个茶农社区。芒摆茶农之家是由碧丽源和外商共同捐建的，是一家集生产培训、教育宣传、基本医疗服务、文化娱乐为一体的活动中心。

茶农之家里面设有现代化阅览室、会议室和放映室，定期举办活动，免费向茶农提供基础健康教育。碧丽源的职工有时会在田间地头用小黑板培训茶农。

茶农之家拥有一个标准化医疗室，配备一名专业医师，除了给村民提供坐诊、巡诊服务外，还宣传健康的生活方式和基本的卫生常识，逐渐改善了当地佤族村民的生活状况和健康水平。碧丽源两姐妹在选址时就对佤村做了一次社会调查，发现村民缺乏基本的卫生常识。中华人民共和国成立时佤村还处于原始社会的生活状态，没有经过其他社会形态的变迁就一步跨越到了现代社会。虽然进步飞速，但一些基本卫生常识和习惯要跟上是很难的。例如，以前这里的孩子会有腹泻致死的情况，解决这个问题一个很简单的方法就是饭前便后要洗手，碧丽源就从这样简单的教育开始，反复向村民灌输洗手的概念。两姐妹实实在在地介绍道：其实我们的卫生室不是以医疗功能为主，而是以健康教育为主。这里会给当地的人讲课，因为医生也是佤族人，他可以使用当地的语言。医疗室给管理专业户茶农建立了计划免疫记录档案，如哪些孩子接种了哪些疫苗，下次要打什么疫苗，需要提前通知妈妈带孩子来打等。

为了帮助茶农增加收入，碧丽源鼓励茶农在茶园地种豆子，收入归农民自己，也鼓励农民养猪养鸡。另外，被聘为组长、副组长的农民，只要生产计划完成就给补贴，形成了农民自己管理农民，共同富裕的机制。如此，曾经的农民变成了管理人员、技术工人，曾经的“荒山野岭”变成了今天的“生财宝地”。作为沧源的首个农业庄园，碧丽源芒摆有机庄园在推动边疆民族贫困地区农村改革发展上做出了突出成绩。

5 茶经济哲学

碧丽源最自豪的是它获取的一系列标准。

雨林联盟认证强调三个基本圈的融合发展，即环境、社会（社区关系）和经济三者要重叠。碧丽源认为这个标准很好，但刚开始时并不知道如何将标准落实。公司两姐妹、社会责任部的经理就出国去肯尼亚学习，找通过了雨林联盟认证的企业取经。碧丽源学到了经验，更学习到了创新能力。肯尼亚有一整套的政策、措施，碧丽源在国内因地制宜，采取小湿地的形式净化生活污水，针对具体问题、结合本土特点采取因地制宜的措施。郁晓薇后来总结说："我们理解的是，雨林联盟提供的是一个方法论，你要找到自己的落地点。雨林联盟来审核时，派来一个监督员，中国国家认证认可监督委员会也派了一个观察员，审核员是请的国际独立审核员，不依附于任何机构，只忠实于标准，我们的认证得分也很高，因为我们对标准的理解和执行都做得比较好。"

碧丽源实现环境、社会和经济三个圈和谐发展的故事是美丽的，实践是艰辛的，雨林联盟认证到底能给企业带来怎样的回报？获得认证的投入产出不成正比，但碧丽源相信标准肯定是需要投入的。有的人做标准只为了获得对外商业行为的金字招牌，不是真正在用标准去提升企业，这样的付出肯定是对标准的浪费，没有意义。碧丽源一步一个脚印地履行着自己对标准的承诺，经过十几年的打造，已经百炼成钢。

获得雨林联盟认证的好处在国内和国际上是不均衡的。从供应商角度来说，大型国际品牌在采购时会考察企业的社会责任，碧丽源获得了国际品牌商的长期信任，保证了公司的国际贸易盈利。可是，中国目前要建立对标准认可的好的市场、要教育消费者认知国际认证标准、要让市场注重标准，还需时日。

在碧丽源，如果说总经理郁晓薇是企业日常运作的总管，那么董事长郁云雁则是公司的定海神针式人物。如果说标准是硬性的、是"术"这一层次的，那么，郁云雁对企业经营的认知已经精进到哲学的高度，她强调做产品要回归本性，做事情要尊重规律。郁云雁面对公司投入大、回报慢这类困难，只坚持了一个观点，那就是要顺应自然、顺应人性地坚守。郁云雁说："如果能顺应人的本性，企业就有了很深的根基，并且能有用之不竭的能量，能量的延续，对于产品及使用这些产品的人来说，是源源不断的能量的输出。但是面对不同的环境，有差异的环境可能会逼着企业做出一些妥协和让渡。但是过了妥协和让渡的阶段，企业还是要有所坚持。"

中国的茶叶市场还缺乏规范，鱼龙混杂，竞争激烈。郁云雁认为竞争处处存在，员工与员工有竞争、企业与企业有竞争、地区与地区有竞争、国家与国家有竞争、体制与体制有竞争。竞争到最根本时，是人的本性在竞争。郁云雁回忆说："一些风险投资找过我们，说帮助我们多少年可达到什么样的业绩，问我们敢不敢赌。如果我们按照风险投资的要求去做，在那样的压力之下必须要达到目标，就会很容易迷失。所以我觉得这跟我们做的事情和我们的方式很不符合，我们做的是长线的产品。"说到此，郁云雁显然有些激动，把话题扯到了制度竞争上来，她说："资本主义走到最后肯定是死路一条，因为它是违反人的本性的，像风险投资这类资本运作，看似增长很快，但是违背人的本性。中国人说性本善，性本善这个含义是要与人为善。从家庭关系来说，父母对子女无条件的爱是出于本性的，不是外部条件能改变的。但是从自由化、市场化的起源来讲，是尊重人权，尊重‘我’这个主体。要为‘我’这个主体服务，就要有规矩，要有规律。经济也有规律，商业也有规律，如果到最后这个规律的运用与人最核心的东西反着来，到最后就没天道了。人收拾不了就只能天收拾了。”透过市场竞争的残酷，透过风险投资的诱惑，郇云雁似乎在阐述她的“经济学”，那就是市场必须符合规律运行，而这个规律，从最本质上讲就是人性的本质。市场要服务于人。

碧丽源投资深山茶园14年，2016年处于开拓国内市场的关键时期，应该说，姐妹俩最头疼的就是资金问题。2016年12月21日那个阳光灿烂的下午，当郇云雁坚定地阐述着她的“经济学”时，看不出焦躁，而是一种淡定。

谈到企业和市场的关系时，郇云雁认为，这组关系是两个问题：一个是企业坚持标准、坚持道德理念，这当然是企业要有这样的意识和能力去这样做；一个是消费者和资本愿不愿意为这样的坚持买单。核心的点是人的思想观念的转变，这是最根本的。因为资本有它本身的属性，消费者也有他本身的需求。资本也好，需求也好，本身没错。关键是用的方向、方式、方法对不对，就要看掌握这些工具、这些市场力量的人的价值取向。这是第一要务。郇云雁说：“现在有一些财务资本要来投资，说能让我们3～5年做出惊人业绩。我们没有这样的理念，我们为什么要把好好培植起来的资源放在资本的压力之下，还得照着资本的意愿去做？可能资本有时候能让你赚钱，但我们的精力和公司的资源也要导向那边，这就偏离我们的本意了。所以，免谈。”

姐妹俩希望找到适合的战略投资，找志同道合的伙伴。姐妹俩认为投资人认同她们的价值观十分重要。“投资人投的就是我们这俩人。现在能不能很快挣钱没有关系。有时候看着钱成天去找钱，就永远是钱的奴隶，永远不能超出钱之上去做一份事业，不能按照正确的价值观和思维去做事情。眼光短浅，就跟老鼠一样。”郇云雁这样阐述自己的想法。

郇氏姐妹酷爱中国文化，喜欢中国哲学，这点从郇云雁的谈吐中已经能看得出来。郇云雁是学西方文学的，英文很好，大学毕业就进入茶的国际贸易领域，国际范十足。郇晓薇曾笑道：“我姐姐年轻时非常时髦，非常崇拜西方。”然而，正是几十年的国际化经历，使郇云雁越来越悟出了中国文化的内涵，她在寻“道”的路上前行，把自己对中国文化、中国哲学的点滴感悟引入茶的生意中。

碧丽源云南茶园生物的数量很多，有80余种，好多动物连芒摆有机庄园的管理人员都叫不出来名字。德国有机专家曾说：“我用耳朵听就知道这是一个真正的有机茶园，就是说这是一个‘听得见的茶园’。我可以听到各种鸟叫声，鸟的种类足够丰富。我听到了不同小虫子的叫声，生物多样性足够丰富。这里是一首交响曲。”两姐妹还听不出茶园交响曲，但在她们眼里，这些生物无所谓好与坏，无所谓益虫与害虫，凡是在茶园生活的，就是茶园的一个生命。

郁晓薇常翻读的一本书是《寂静的春天》。春天是鲜花盛开、百鸟齐鸣的季节，春天不应是寂静无声。可是并不是人人都会注意到，从某一个时候起，突然地，在春天就不再听到燕子的呢喃、黄莺的啁啾，田野变得寂静无声了。美国女作家蕾切尔·卡逊描述了一种适用于扑灭传播疟疾的蚊子的杀虫剂导致的生态灾难。应用这类杀虫剂，就像是与魔鬼做交易：它杀灭了蚊子和其他害虫，也许还会使作物提高收益，但同时也杀灭了益虫。更可怕的是，在接受过该杀虫剂喷洒后，许多种昆虫能迅速繁殖抵抗该杀虫剂的种群。还有，被杀虫剂毒死的昆虫成为其他动物的食物后，那些动物，尤其是鱼类、鸟类，则会中毒而被危害。所以喷洒这类化学杀虫剂只能获得近期的利益，却牺牲了长远的利益。

郁氏姐妹对自然本性的理解，才得以保证有机标准的实施，可以说这种深刻的见地才是有机茶得以产出的源泉。而这种见地应用于市场竞争中，也是“出手无招”的境界。在谈及竞争对手时，郁氏姐妹从没有出言不逊的妄议，所谓善恶，老天自有公断。

郁氏姐妹以“义利求发展”来要求自己，体现了对企业社会责任和企业价值的更高层次理解。市场逐利是自然的，但义以生利，要强调规范的力量。只有义以生利，才能避免“放于利而行”“唯利是求”的泛滥，所以逐利行为必须依靠义的引导。

在哲学范畴中，义与利的关系有两层含义：首先，利只有和义放在一起谈，其增长才具有有益、长久和平衡的意义。《左传·昭公十年》中提到：“凡有血气，皆有争心。故利不可强，思义为愈。义，利之本也，蕴利生孽。”《国语·晋语二》也说：“夫义者，利之足也；贪者，怨之本也。废义则利不立，厚贪则怨生。”利主要体现了人的感性欲望的满足，不加规范的利之争、利之贪最终走向利不足、利不立的结果。其次，义则体现了人的理性能力，是人对自身的规范、超越和提升；利的滋长需要义的指引和疏导，义是谋利行为的规范标准。谋利行为要以义为度，度之合宜而后谋之合理。履行了符合道德的行为之后再获取利，人们就不会对他的获取行为产生厌恶，纷争倾轧减少了，谋利纳入一个良性的过程。

“自然出好茶。我们坚持与守望自然，不仅为消费者提供安全、高品质的茶产品创造商业价值，同时还要创造社会价值、环境价值，最终造福人类。走绿色可持续发展的道路，追求碧丽源‘不求500强，但求500年’的发展愿景。”这是碧丽源写在网站上的理念申述。而在云南茶园芒摆茶农之家的墙上，“义利求发展”是碧丽源传递给当地农民的信息。

喝一壶好茶，读一双佳人，看一个百年企业孕育，在这个过程中，你会理解对于碧丽源来说，标准是术，理念是道；标准是方法，理念是价值观。

6 未完的话题

14 年，65 里林间茶。郇氏姐妹建设了一个“听得见的茶园”，讲了一个森林里茶的故事。65 里林间茶，英文翻译姐妹俩用的是“Tea in Trees”（TIT），因为 Trees 比较口语化。在设计 logo 时，TIT 的形象表达对称，容易让人记住。TIT，两棵大树中间是茶叶。云南茶园也是三层，最下面是地被层，中间一层是茶，上面遮的一层就是大树，这个形象设计跟茶园的形象也挺匹配。目前碧丽源有六款有机茶，在包装上，除了共同使用的本白色、logo、认证标志都一致外，每一款都有特殊的形象，如萱子香型茶叶是小鸟的形象。如果你打开一包 65 里林间茶，第一印象是朴素、简单。但再仔细看，一个小鸟图样中却内嵌了很多信息，传递了有机茶园的核心元素：茶园的经纬度、茶山的高度、雾期、光照时间、降雨量等。但是，如何使这样一包有如此内涵的茶叶让国内消费者接受呢？

案例使用说明（教师用）

一、教学目的与用途

本案例的教学目的是通过介绍碧丽源在技术标准、社会责任和企业价值观等几方面的情况，引导学生了解国际贸易中的标准问题，了解企业社会责任和中国管理哲学。

1. 适用的课程与对象

本案例首先服务于国际商务类的专业硕士研究生，适用于《国际商务概论》和《战略管理》等相关课程。

本案例难度适中，概念难度、分析难度和陈述难度都处于中等水平，适用对象可以拓展到学习国际商务、工商管理的本科生和研究生，更可以拓展到中小企业的在职人员。

对于缺乏理论知识的本科生，可以引导其通过对案例内容的了解，重点学习国际贸易中的标准问题和企业社会责任问题。

对于缺乏实际经验的研究生，可以重点研究如何将一个企业家的思想贯彻到企业行为中，研究企业价值和社会责任的多重关系，研究中国管理哲学的“道”与“术”。

对于缺乏理论归纳但具有丰富实际工作经验的在职人员来说，可将重点放在案例中的对立冲突、矛盾形成的分析上，建议通过角色扮演和模拟思维，培养企业家意识，提升实战水平。除此之外，教师在辅导、点评过程中要重点解释理论知识点，补充在职人员的理论知识盲点。

2. 本案例教学目标规划

1）覆盖知识点

（1）国际贸易与技术标准；

（2）企业社会责任；

（3）中国管理哲学。

2）能力训练点

（1）通过对案例资料的分析，学会分析企业发展过程、产品制作流程、企业市场环境。

（2）通过案例资料的分析，了解一个企业家的思想如何与其公司的产品融为一体，如何实现管理中“道”与“术”的结合。

（3）了解一个生产企业可能遇到的技术标准种类，掌握技术标准方面的知识，对技术标准在企业发展和国际贸易中的作用有初步感知。

（4）对企业社会责任做出分析，总结出企业追求利润和实践企业社会价值的内在机理。

3）观念改变点和本案例遗留的争论焦点

（1）企业的经营理念应该是价值导向还是利润导向？

（2）企业过于坚守价值是否可取？是否会影响企业的发展速度？

（3）如何培育一个500年企业？

二、理论依据与分析

1. 企业社会责任理论

1）理论综述

长期以来，有一些学者否定企业社会责任，以美国学者弗里德曼为代表的学者认为："企业仅仅具有一种且只有一种社会责任——在法律法规许可范围内，利用企业资源从事旨在增加企业利润的活动，只需对股东负责。"这是典型的资本主义社会的企业责任观。近年来，对于企业社会责任的研究逐渐增多，主要围绕"是什么""为什么""怎么做"三个方面展开，如图1所示。

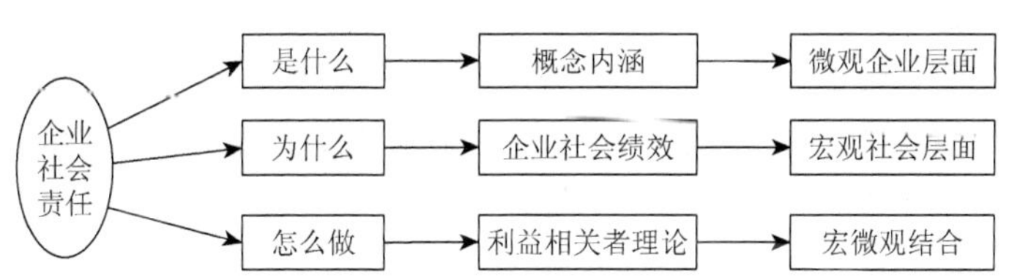

图1 近年来企业社会责任理论的发展

其中，企业社会责任（corporate social responsibility，CSR）亦用作企业家社会责任，它的主要含义是要求企业和企业家必须超越把利润作为唯一目标的传统理念，强调要在生产经营过程中对人的价值的关注，强调对消费者、环境和社会的贡献。对中国企业家来说，虽然企业社会责任概念发源于西方，但中国企业家在实践中有自己的认知，更为重要的是，中国的企业家社会责任有着自己的文化支撑。

企业社会绩效理论是在20世纪70年代后期到90年代中期发展起来的，试图将原来相互独立的企业社会责任与社会响应整合起来，但许多人不认同企业社会绩效理论，认为企业社会责任和企业社会绩效都是在企业外部产生的概念，它们的内涵不是规范性的，不够明确和具体，听起来像口号，难以得到企业界的认同和积极响应。

20世纪90年代以后的研究是以利益相关者理论为框架的，逐渐形成了规范性和工具性两种观点。规范性观点认为企业社会责任是其作为社会细胞对社会整体做出奉献的伦理要求，企业的责任是追求社会利益的最大化，而不是追求企业利润的最大化。美国学者谢尔顿认为企业的社会责任包含道德因素，社会利益远远高于企业盈利。工具性观点认为“善恶有报”，为了取得企业经营长期成功，企业需要为社会做出相应的贡献。也有学者提出了企业社会责任的四个层次，如图 2 所示。

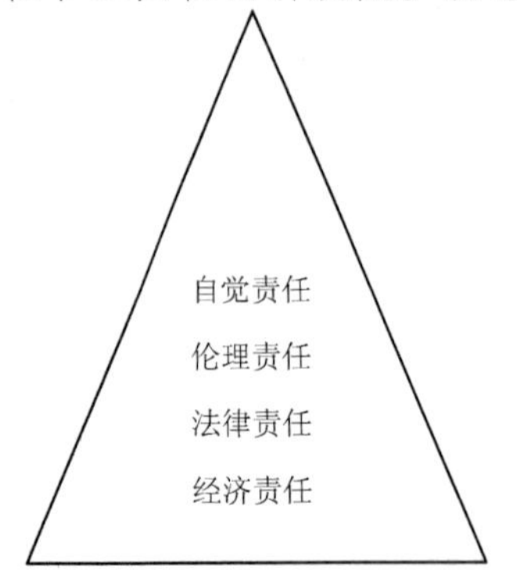

图 2　企业社会责任的四个层次

2）对本案例的启发

按照弗里德曼的观点，既然谋利是企业的首要责任，那么在谋求“利润最大化”的过程中，就可以不用考虑企业社会责任，似乎企业的获利和企业的社会责任之间有一道不可逾越的鸿沟，二者相互对立，是有他没我、有我没他的关系。这种对立的观点是否正确?

企业社会绩效理论试图将原来相互独立的企业社会责任与社会效益整合起来。其中，有人认为社会能够通过市场确定其需要，如果企业尽可能高效率地使用资源以提供社会需要的产品和服务，并以消费者愿意支付的价格销售它们，企业就尽到了自己的社会责任。这是把企业谋利行为等同于行使社会责任。这种对立的观点是否正确?

有的社会责任理论把伦理与慈善责任理解为放置在“塔尖”上的责任，那么企业在谋利活动之余，再对社会做一些慈善或回报，即是履行了“塔尖”责任吗?

2. 国际贸易与技术标准的关系理论

（1）理论综述

技术标准是以科学、技术、实践为基础，在公认机构的批准下，对技术做出统一规范，并由标准化组织发布，以作为共同遵守的技术准则和依据。技术标准通常创立于理性的集体选择，并致力于在解决方案上协商达成一致。标准曾在工业革命中起到重要作用，它使工厂达到经济规模，使市场以公平并有效的方式进行交易。

在国际贸易中，技术标准是一把双刃剑，在某种情况下会导致技术壁垒。技术壁垒，是指一个国家或地区在对进口商品进行管理时，通过对进口商品提出特殊的，甚至苛刻的技术要求，采取包括颁布技术法规、推行技术标准、实施合格认证程序等在内的技术性措施而设置的贸易保护壁垒，是国际贸易中非关税壁垒的一项重要内容，也是非关税壁垒中最隐蔽、最难捉摸、最难对付的一种贸易保护壁垒。

对技术壁垒的分析要从短期和长期两个视角看：

首先，从短期视角看技术壁垒的短期影响。如图 3 所示，*SS* 线代表进口国企业对本国市场的供给曲线，*DD* 线代表进口国的国内需求曲线。在进口国没有设置技术壁垒之前，其市场价格为 P_0，国内供给量为 OA，国内需求量为 OB，其差额部分 AB，由进口产品提供。现在，进口国以颁布新技术标准的方式对出口国设置技术壁垒。新技术标准在实施初期，出口国必有部分产品不能完全达到该标准的要求，不得不暂时退出进口国市场。假设进口国的供给和需求情况在短期内不会发生变化，则进口国国内的供给总量（本国企业的供给加上进口产品的供给之和）将减少，市场价格上涨为 P_T^1，国内供给量增加至 OC，国内需求量减少为 OD，进口产品数量也减少至 CD。

短期内技术壁垒将带来对出口国出口贸易的数量抑制效应，表现为技术壁垒实施后，出口国出口数量的明显减少（由 AB 减至 CD）。技术壁垒将改变进口国和出口国的产品供给总量，进而影响各国的其他经济变量。一方面，进口国的国内供给总量将减少，市场价格上涨，进口国的企业将受益，消费者的福利则相对减少；另一方面，出口国的一部分出口受阻产品将被迫转向内销，其国内供给总量将增加，市场价格将下跌，同类产品的国内生产企业利益受损，消费者则从更廉价的商品中获得实惠。但是，如果出口国出口转内销的产品数量巨大，使其国内生产企业利益受损非常严重时，就业将受到影响。

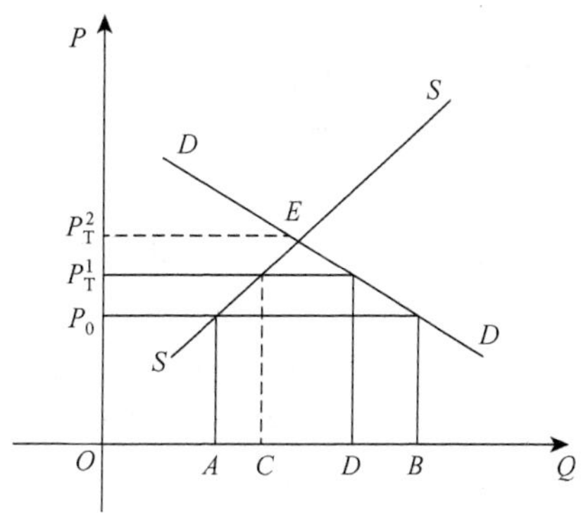

图 3 技术壁垒的短期影响

其次，从长期视角看技术壁垒的长期影响。出口国出口受阻的企业有可能改进生产技术，使其产品最终得以重返进口国市场。出口国的企业是否有动力改进技术、跨越技术壁垒呢？这取决于其对成本和收益的权衡。

从成本方面来看，企业为了达到进口国技术标准的要求而需花费的额外成本 C 可能包含以下几个部分：技术壁垒信息的收集成本 C_1；技术创新或技术引进成本 C_2；为适用新技术而更新或改良设备的成本 C_3；加强全面质量管理的成本 C_4；获得认证或通过进口国检验程序的成本 C_5 等。成本 $C(C = C_1 + C_2 + C_3 + C_4 + C_5)$使企业的总成本增加，平均成本曲线由原先的 AC_0 变为 AC_1，如图 4 所示。

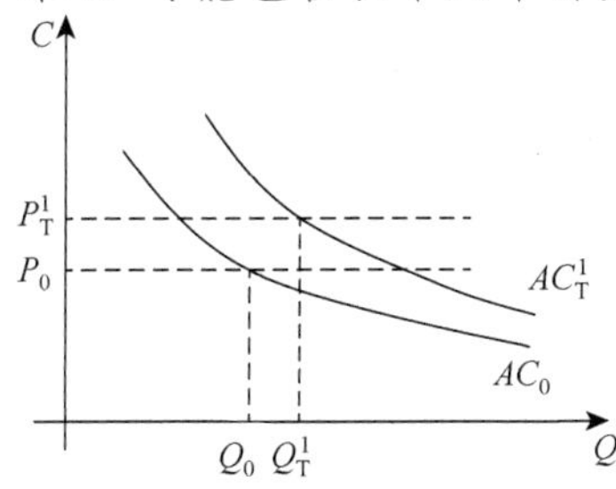

图 4 技术壁垒的长期影响

从收益方面来看，由于技术壁垒的设置使进口国市场价格由 P_0 上升至 P_T^1，因此，如果出口国出口受阻企业能重返进口国市场，则该企业也将从进口国市场价格的上涨中获益。这样，如图 4 所示，只要该出口企业在改进技术后能达到产量 Q_T^1，其跨越技术壁垒后的平均收益就能大于其平均成本，企业将采取跨越技术壁垒的行动策略。如果企业专心技术改进，会获得改进技术后的规模经济效应。改进技术后能获得的规模经济效应越显著，平均成本随产量增加而下降的速度就越快，企业获利的可能性就越大。为了获得规模经济效应，企业必须一次性投入足够数量的资金①。

（2）对本案例的启发

结合本案例，郁氏姐妹在茶叶的国际贸易中遭遇欧盟标准，她们不是投机取巧，而是踏踏实实做长期打算，终于跨越了技术壁垒。不但如此，还使公司具有了长期竞争优势，经过 14 年的发展，郁氏姐妹在投入大量资金后，技术改进后的规模效应正逐渐显现。

3. 中国管理哲学

（1）理论综述

中国管理思想的发展可谓与中国历史文明的进步并驾齐驱，其中蕴含着丰富的管理理念和管理艺术。从道家崇尚大道自然的“无为而治”到儒家以小见大塑造理想人格的“修身、齐家、治国、平天下”，从法家秉持刚性管理原则的“法不阿贵，绳不挠曲”到兵家注重谋略决策的“兵贵神速”“出奇制胜”，百家争鸣式的思想喷涌而出，形成了中国式的“管理思想的丛林”，其中的智慧博大精深。

道家的“无为而治”可谓管理的最高境界。作为组织的高层领导，要做到大决策面前有所为，小事上有所不为；在识人方面有所为，在用人方面无所为；面对复杂的外部环境和竞争，要做到“有无相生”“虚实相资”、善于发现机会、填补市场；在树立人生观、价值观方面，企业家要坚持“身重于物”与“淡泊名利”，摆正名利关系，才能实现可持续发展。在基层管理中，要不断渗透儒家“修身、齐家、治国、平天下”的大局意识，将组织与员工的发展紧密结合；同时，要帮助员工树立正确的价值观念，即“君子谋道不谋食”，将道德价值置于物质价值之上，方能在工作中实现正确的人生价值。今天的企业家被假设为将自我利益的最大化追求作为经济活动的出发点，这一假设遭到了越来越多的诟病，在很大程度上是因为这种“自我利益最大化”的追求已经越来越演变为一种“抽象的贪婪”，而中国古代管理哲学在一定程度上从根本、从人性角度探索了克服贪婪的方法。

（2）对本案例的启发

郁氏姐妹具有丰富的中国文化底蕴，她们在实践中将中国哲学落实到细微之处。目前学术界对中国管理哲学的思考是欠缺的，多数是从古文中引经据典进行阐述。从本案例中，从活生生的现实故事里，可以采集的中国管理元素很多。郁

① 郑鸣芬，凯夫. 2003. 技术壁垒的影响机制与设置技术壁垒的博弈分析[J]. 云南财贸学院学报，18（6）：14-15。

氏姐妹具有丰富的国际化背景，从事国际贸易多年，是什么使她们在多元文化的比较中又返回到中国文化呢？她们的义利观和自然观都值得进一步研究。

三、启发思考题

（1）什么是企业社会？企业为什么要实践社会责任？

（2）企业社会责任的利益相关者有哪些？各个利益主体的利益有哪些？

（3）企业社会责任如何实现企业、社区和环境的协调？

（4）什么是技术？本案例涉及哪些技术标准？

（5）如何看待技术标准对企业的短期影响？

（6）企业如何突破技术壁垒实现长期效益？

（7）如何判断一个企业的核心优势？企业应如何发挥核心优势？

（8）什么是有机产品？有机产品定位和消费者需求的关系是什么？

（9）如何看待“义”与“利”的关系？中国文化能否真正帮助企业成长？

（10）如何看待资本市场的行为？你认为郇氏姐妹对短期投资的排斥是否会阻碍公司的发展？

（11）2017年后，郇氏姐妹应如何开拓中国国内市场？

（12）儒家、道家和其他中国文化中的诸子百家，你认为哪一家能解释郇氏姐妹的经济哲学？

四、补充阅读和调研资料

本案例是根据碧丽源的真实情况和郇氏姐妹的亲口所述整理完成，讨论了企业社会责任、技术壁垒和管理哲学的问题，学生在学习时可从以下四个方面补充资料：

第一，和企业社会责任相关的书籍、论文都是可补充的阅读材料，建议去查询一些国际组织或机构的网站，增加对企业社会责任的感性认识。

第二，建议学生去碧丽源的网上专卖店或者商超，做实地调研，结合案例给出的背景资料，发现更多的问题。也建议学生购买65里林间茶，通过亲自品尝做出评论。

第三，建议学生阅读国际贸易与技术标准的书籍，突破技术标准就是技术壁垒的常规思维，建立长期竞争意识。

第四，建议学生阅读中国管理哲学方面的书籍。

五、分析思路

第一，引导学生通篇阅读案例，从两个方面做阅读笔记：①按照专题序列，整理出故事讲述的几个方面，明确本案例阐述的主要内容；②从“道”与“术”的角度，思考案例中哪些是“道”方面的阐述，哪些是“术”方面的描写。

第二，在了解基本案例情节后，通过讨论引导学生了解企业承担社会责任的意义，讨论企业社会责任的成本和收益。

第三，深入了解雨林联盟认证，让学生分析该认证的主要要求，并评论认证的意义。

第四，从文化角度，让学生列举他们已经知道的中国文化名人、文化知识，引导学生掌握中国文化中的精华部分，讨论这样的文化会怎样影响企业。

第五，引导学生跳出本案例，分析管理学的一般性问题，总结一般性的经验和教训，理解案例的理论知识点。

六、课堂教学计划

案例授课班级人数不宜过多，应该控制在40人以内。教室应备有投影仪、黑板、粉笔等设备，教室的桌椅应该可以自由移动，以便学生根据需要布置教室。课堂教学可采用课堂讨论、模拟会议和与企业家共同授课三种形式展开。

1. 课堂讨论形式教学的安排

建议分成小组进行讨论。本案例如果应用于MBA或在职人员，分组要事先了解学生的就业背景和专业背景，分组时要搭配好性别比例，根据学生能力特点选配好小组领导者。

（1）课前准备

提前布置启发性思考题与额外阅读材料，要求每个小组成员进行案例阅读和网上专卖店实地调研。

（2）课中计划

案例概述：简要回顾案例，带领学生回顾案例内容。

小组讨论：重点讨论启发思考题，理解案例内容和基本知识点。

班级讨论：由教师组织全班讨论。

评价和总结：对知识点进行梳理与案例总结。

问答与机动：回答学生一些额外问题等。

（3）课后计划

各小组以报告形式阐述对本案例的理解。

2. 模拟会议形式教学的安排

建议学生按角色分组讨论。本案例如果应用于MBA或在职人员，分组要事先了解学生的就业背景和专业背景，让不同背景的学生分散在不同小组中。本案例如果应用于在校的研究生或本科生，分组时要搭配好性别比例，根据学生能力特点选配好小组领导者。可由学生推荐，选择一名强势具有领导力的学生扮演碧丽源的总经理或董事长。其他小组可以按角色划分，如可以设置碧丽源高管层、消费者、云南佤族村民、雨林联盟成员等小组角色。

七、课堂步骤

（1）分组后的小组讨论

分组会的小组讨论要求学生基于自己角色的定位、利益诉求和管理视角来重新阅读案例，整理出小组相关的问题和小组解决问题方案的共识。

（2）模拟碧丽源战略会

各小组参加模拟企业会议，讨论碧丽源2017年的工作计划推进问题，对碧丽源是否坚持做有机产品及有机产品的市场前途进行分析。

（3）总结与点评

由教师组织全班，点评模拟情况，梳理知识点。

（4）课后计划

各小组以报告形式给出更加具体的解决方案。

森科摩托海外市场的开拓

胡曙光

1 引　　言

在竞争激烈的国内摩托车市场上，随着产销量的不断下滑，大多数企业都在苦思对策以求企业的稳定发展。但在广东有一家民营企业却逆势上扬，绝大多数产品远销海外市场，避开了残酷的国内市场，取得了良好的业绩，获得了“广东省出口名牌（2009-2011 年度）”和“江门市 30 强民营企业（2004-2005 年度）”的荣誉（图 1，图 2）。这家企业就是鹤山国机南联摩托车工业有限公司（简称森科）。为了探寻森科海外经营的奥秘，我们对其进行了全方位的深入探访。

图 1　森科所获部分荣誉

图 2　坐落在大雁山风景区的森科

2 成功背后的隐忧

森科创办于 1997 年，是一家集摩托车开发、制造与出口于一体的民营企业。近五年来，森科在行业内排名稳居前二十，旗下“森科”“哈里”“SENKO”等多个品牌、九大系列、100 多种产品销往世界各地，其中热销的近 20 种，每年出口收入近 7000 万美元。

从整体市场产销量、出口量来看，中国摩托车制造业无愧于全球第一。根据中国汽车工业协会统计的数据显示：2015 年中国（不含港澳台地区）摩托车产销量分别为 1883.22 万辆和 1882.3 万辆，比上年下降 11.6%和 11.7%。其中，二轮车产销 1661.73 万辆和 1660.59 万辆，比上年下降 12.2%和 12.4%；三轮车产销 221.49 万辆和 221.71 万辆，比上年下降 6.2%和 6%。2015 年摩托车产销量已连续四年下降，创近 10 年来新低。数据显示，国内摩托车市场竞争激烈。众多国内著名品牌的产销量都开始下滑，中小规模的摩托车企业的生存就更加困难。

在国内摩托车市场日趋饱和的大背景下，森科的市场感觉领先他人一步。按照森科总经理李志军的话来说，中小企业要“避免与大企业的正面冲突”。森科人在大量市场调查的基础上，洞察竞争对手的优势和弱点，了解了市场需求的变化，确立了自己的优势。有了这些基本数据和对自己长处的了解，以销售见长的李总带领森科人走向海外。

森科的公司治理结构是非常清晰的。李总不仅负责公司整体运营，还具体负责配套采购与销售。在市场的选择上，李总通过多次海外实地调查与对比，选择了以泰国等周边国家和地区为突破口，在此基础上向欧洲和南美等国家或地区进行市场和品牌的渗透与拓展。回忆当初海外市场开拓时，李总感叹道，辛酸苦辣甜，一切滋味都尝过了，有失败的沮丧，有成功的喜悦，更多的是无人理解的孤寂和充满斗志的激情。他说，当初刚走出国门，参加摩托车展会，所有东西都打了问号，问句为什么。例如，什么人对摩托车感兴趣？当地人的生活习惯是什么？他们出行靠什么？什么车好卖？好卖的原因又在哪里？当地人喜欢什么颜色？当地年轻人喜欢什么？等等。当时，国外没人知道森科，于是他带领同事一家一家地拜访当地代理商和车企，谈森科，谈合作，谈摩托车的未来……什么都谈，就是要外国人知道“森科”，了解森科人。森科自 2004 年起开始海外业务之路，通过 5 年的观察、接触和了解，于 2009 年开展大规模出口。目前，出口规模占公司业务的 80%左右，其中南美、非洲和欧洲市场占出口总额的 90%。出口大多数以 OEM[①]贴牌为主，也有部分采取直销方式。最初的几年，利用成本和技术优势，森科得以在国外迅速扩张，

① OEM，original equipment manufacturer，原始设备制造商，俗称代工（生产）。

产值屡创新高，最高时出口金额曾达 9000 万美元。李总说："中国经济发展靠的是出口，企业发展也必然要靠出口。"这样，企业行为就与国家号召的"走出去"战略是一致的，在此背景下，企业发展的关键要看自己是否努力了。近三年来，森科将重点放在了轻跑摩托车的打造上，这不同于传统市场对摩托车性能的单一追逐，而是将美观、文化和娱乐等因素也纳入考量范围，在整车基础上增加了音乐播放、手机充电等现代化功能。这类轻跑车，不仅保留了传统摩托车的硬件技术，更带来了灵动飘逸的驾驶体验，满足了摩托车驾驶者对酷炫外观和极致性能的追求。在国外，摩托车不仅仅是一种代步工具，更是一种潮流玩具。针对这一特点，森科开发了复古摩托车，年代感十足的造型在欧洲大受欢迎。明确的市场定位和灵活的产品开发，让森科在激烈的市场竞争中摸索出了一条属于自己的生存之道。在享受成功喜悦的同时，李总内心深处有隐隐的担忧：海外市场的变数太多。

3　海外市场的巨变

委内瑞拉曾是森科最大的海外市场。委内瑞拉的经济发展让森科获益匪浅，但在成功的背后，却隐藏着巨大风险。

委内瑞拉经济最大的问题是石油。作为世界第五大和拉丁美洲最大的产油国，委内瑞拉 95%的收入、25%的 GDP 和 50%的政府财政收入都依赖石油出口，同时 90%以上的食品和日用商品依赖进口。实际上，委内瑞拉拥有全球最大的原油储量，它的原油储量比沙特阿拉伯还要多，差不多相当于伊朗和伊拉克两国储量之和，是俄罗斯的 3 倍。石油资源曾是委内瑞拉经济发展的依靠，如今却是经济崩溃的导火索。

在高油价支撑下，委内瑞拉获得了大量"石油美元"，委内瑞拉政府实行了长达 17 年的民粹主义发展模式，以国家干预主义为主要手段，推行全面国有化，同时大力推行远远超出其国力与财力的高福利。2003 年起，查韦斯推行了"罗宾逊计划""里瓦斯计划""苏克雷计划""深入贫民区计划""瓜依凯布洛计划""食品商场计划""住房计划"等社会福利。最让人印象深刻的是委内瑞拉的汽油。当年，政府给予汽油补贴，委内瑞拉的汽油全球最便宜，比瓶装水还便宜，随便用。高价石油和实施高福利政策，为今天的经济持续发展埋下了巨大隐患①。

美国联邦储备系统加息，直接导致国际油价大跌，委内瑞拉人被惊醒，发现自己除了地下石油外，什么都没有，除了卖油什么都不会干。受石油价格暴跌的

① 张卫中. 委内瑞拉加大投入保民生. 人民网. 2010-08-04。
汇率决堤"民不聊生"这个欧佩克国家要彻底崩溃. 搜狐网. 2016-05-13。
委内瑞拉进入超级通货膨胀阶段. 新浪财经. 2017-12-14。
委内瑞拉 2017 年通胀超 2700%，总统称遭美国经济侵略. 搜狐新闻. 2018-01-03。

影响，委内瑞拉经济遭受严重冲击，据 IMF（国际货币基金组织）报告显示，该国财政收入已从 2013 年的 800 亿美元下降至 2015 年的 200 亿～250 亿美元。委内瑞拉的 GDP 2016 年下降 8%，该年通货膨胀率超过 700%，2015 年为 180.9%，2017 年高达 2735%。

为了应对突如其来的经济衰退，政府不得不加大货币发行力度。2015 年，委内瑞拉货币玻利瓦尔大幅贬值。到 7 月，委内瑞拉外汇储备降到 156.78 亿美元，是自 1998 年以来的最低水平。官方汇率是 1 美元兑 6.3 玻利瓦尔，黑市汇率则跌到 1 美元兑 616 玻利瓦尔，官价比黑市价昂贵了 98 倍。黑市上能否兑换到美元，不仅要承担高涨的黑市价，还要看运气。2016 年 5 月 13 日，委内瑞拉政府宣布，委内瑞拉进入为期 60 天的“经济紧急状态”，民众需排队领取和购物食物。食物短缺和饥饿引发了社会动荡，许多地方发生了打砸和哄抢商店的现象，并造成了数以百万美元计的损失和破坏。目前该国不得不把黄金运送到瑞士来抵债。

鉴于国内经济形势的急剧恶化，委内瑞拉实行严格的外汇管制。这则消息传到国内，李总意识到，森科的巨额损失将不可避免，因为进口商没有足够的美元来支付森科的货款。森科的损失使李总感到心痛，那么多职工和技术人员的辛苦努力，瞬间化为泡影。这切肤之痛使李总更加清醒地认识到，一国宏观经济形势对微观企业主体的影响是多么巨大；一个企业依赖单一市场的后果多么严重。

实际上，在 2012 年，森科的国际化之路就遭遇了预想不到的波折。2012 年起，森科出口便呈现出下滑态势，2014 年出口规模更是较上年下降近 50%。只是没想到 2015 年又是一个灾难年。

对此，李总并不讳言。他说，只有正确了解企业现状和市场变化，才能“对症下药”，通过企业自身的努力将不利因素降到最少。要做到“对症下药”，就需要对出口国或投资国进行政治风险分析、经济环境分析和项目分析等一系列的综合和专项分析，才能真正做到“未雨绸缪”，才能把企业损失降下来。他分析道，森科海外收入的下降，一方面由于国际石油、矿产价格的持续下跌，致使在面对南美、非洲等资源国家或地区时，主要以美元结算的森科出口规模骤减；另一方面，印度等发展中国家的崛起，也使得产品的出口价格优势不断缩水。此外，出口国家的政治风险也对森科的海外业务造成了沉重的打击。例如，曾经是森科最大出口地的委内瑞拉因国内动荡已连续数月停止了与森科的业务往来。

4 市场渠道的开拓与维护

鉴于国内摩托车市场残酷的竞争和海外市场的变化，森科人格外注重开拓海外业务。李总表示，虽然森科的销售主要依靠海外市场，但森科的销售市场并不单一。他认为，市场的单一化，会给森科带来巨大的潜在风险。市场分散有利于销售收入的稳定，也有利于企业的稳定发展。对此，森科在维护好现有海外市场的同时，着重进取，不断开拓新的海外市场。他总结了自己开拓市场的一般做法是：（对市场的）不了解—围观—接触—学习与欣赏—爱好—深度接触—进入市场—融入—主导当地市场发展方向。当然最后一条是森科的理想。

以开拓欧洲市场为例。森科为了进入欧洲市场，2011 年，李总就率队参加欧洲各种综合性工业展和行业展览，如德国汉诺威工业展（HANNOVER MESSE）、意大利维罗纳国际摩托车展览会（MOTOR BIKE EXPO）等。他让团队准备许多资料和各种问题，做到参加一次展会，进步一次，不断缩小自己与先进摩托车企业的差距。从索取参展厂商宣传资料，到与相关人员直接交流；从普通的商务参观到与第三方合作进行市场调查；从一般的市场调查到专业的市场细分调查，森科在对外拓展业务方面分工越来越精细，工作流程越来越顺畅、精密。市场推广人员带着翻译到当地与经销商和消费者直接交流。李总认为，海外市场的开拓与维护，需要市场部人员具有良好的沟通能力和表达能力。目前，森科市场部的 8 位员工普遍掌握一门外语，有的是两门。他还说，除了沟通能力和表达能力外，市场部人员最主要的特质是具备耐住寂寞的能力。他说，在欧洲时，并不是所有的人都能理解你，上门拜访经销商吃闭门羹是常有的事。对此，推广人员要有充分的心理准备，不能一遇到挫折就气馁，要耐住寂寞，要充满斗志地一往无前，要用自己的真心实意，用自己的行动打动对方。

从观展到参展，对森科而言，是前进了一大步，但与先进同行还有明显的差距。李总记得，第一次参展就感到自己的样车与同行有明显差距，不论是外观还是性能都落后一大截。尤其不堪回首的一幕是发生在参展后，样车打折便宜卖都卖不掉，最后只能作为垃圾被丢弃。李总说，那一幕自己感到羞愧，感到耻辱。森科对李总而言，那是自己的“孩子”。自己的孩子怎会如此不堪，如此无能？从展会回来，李总下定决心，狠抓技术，狠抓设计。目前，森科具备一套完整的开发流程设备：电脑手绘板、计算机工作站、单臂三坐标测量仪、双臂三坐标测量仪、3DD 激光扫描仪、油泥回收机、油泥烘烤机、快速成型仪器设备（CNC[①]加工中心）、车型试制设备、发动机测功机、工况排放仪、整车底盘测功机等，并且公司还拥有多项专利技术，其中有效外观专利 44 项，其中境外授权专利 1 项，1 项实用型专利。这标志着森科具有专业的技术研发能力，在自主研发的道路上迈出了成功的一步。

从参展到海外销售，这又是前进了一大步。李总认为，海外市场开拓，离不开过硬的产品。如果产品本身不过硬，那么市场部人员无论怎样“口吐莲花”，最终都是一场空。有了过硬的产品，市场部人员的腰杆也直了，说话也有底气。甚

① CNC，computer number control，计算计数字控制。

至可以直接进行产品对比，在市场部人员的不懈努力下，森科终于在欧洲市场站稳脚跟。

从代工到推广自己的品牌。例如，森科代工的品牌有英国的Lexmoto。Lexmoto是一家老品牌，在英国和欧洲有很高的知名度。其125cc的摩托车是2016年英国市场上最畅销车型，销售10170台，超过第二名日本本田（Honda）1016台。森科为其代工，说明森科的技术标准已经达到了欧洲标准。这也为森科进军欧洲市场再添动力。就这样，森科一步一个脚印地从竞争激烈的欧洲市场中闯出一条新路。李总感叹道，从参加展会算起，森科为了开拓欧洲市场整整花费了5年时间。这5年森科走过了“围观—接触—学习与欣赏—爱好—深度接触—进入市场”这一段路，离真正“融入”市场还有一段长长的路。

谈到市场维护，李总认为，市场不仅仅是占有，有时也需要厂家精心培育和维护。他说，森科经常在海外独自或与当地合作者一起举办与车友的互动活动，培育当地的摩托车文化。2016年2月，第三届中国摩托车（缅甸）展览会在缅甸曼德勒市如期举行，作为开拓缅甸市场的一个重要平台，森科携自主研发新产品亮相缅甸展，向摩托车和配件行业的经销商、买家等专业人士，以及缅甸当地众多的摩托车爱好者展示了森科实力。

目前，为适应互联网时代，森科在传统销售渠道之外，还在试水跨境电子商务。李总说，这是个新生事物，不去尝试，谁知道它的滋味呢。短短的一句话，我们看到了一种不断学习、不断尝试的企业家精神。

5 市场、企业与产品

摩托车不仅承载着速度与激情，也承载着坚韧与创新。这种看似矛盾的特质就很好地体现在业内传奇者——哈雷摩托上。哈雷摩托不仅是行业内的传奇，甚至演变成了一种文化现象。现在提及哈雷，人们会自然而然地想到“自由大道、原始动力和美好时光”。森科就是想做“中国的哈雷”，有一股敢闯敢拼的“野蛮”精神。当然森科人明白，“中国的哈雷”是学习、是过程，最终还是要做好自己，做好“森科”。

李总认为，企业需要市场，但市场瞬息万变，为了跟上市场变化的步调，企业需要不断调整产品。这就需要企业不断创新。产品质量是企业的基石，创新是企业的生命。只有好企业才能造出好产品，只有好产品，才能有好市场；有了好市场，企业就能持续稳定的发展。这是一个良性循环。

对于产品，李总表示：“在成本优势不断减弱的情况下，只有通过创新，增加产品附加值才能给企业赢得持久竞争力，所以我们要走差异化、新产品道路。”他强调，现在许多人为了赶潮流，特别重视创新，如包装新颖、外观独特等，这本身不是错，但因此而忽视质量，就错了。其实只有在质量基础上的创新才有意义，不能本末倒置。为此，森科每年都会在技术研发方面投入近千万元。近几年，更是在不断摸索中逐渐掌握了整车的技术开发及自身的技术体系与优势，并屡获国家行业设计大奖。事实上，在摩托车领域，森科的技术并不是最尖端前沿的，但市场的好评如潮，原因在于产品的超高性价比。这样的产品在设计之初就被考虑到了。金刚豹 SK300（图 3）是森科于 2015 年推出的明星产品，它是一款将机械重金属的外观造型与猎豹外形进行结合，形成金属猎豹机械化特性的车型。这款摩托车是以新生代的旅行街车为设计主题，吸收猎豹的速度快、猛、敏捷的特点，使得整车可以随时游走于城市与山野间。2016 年 11 月，金刚豹 SK300 凭借创新的设计理念和优异的性能，荣获广东省第八届“省长杯”工业设计大赛金奖。更有车友在 2016 年 4 月驾驶动力 300cc 的金刚豹完成了总里程超过一万千米的广东—西藏行，用行动证明了森科摩托的不凡。具备旅行功能与街车动力的创新车型，能满足各种路段的不同要求，森科找准了它的技术定位——最好不如最适，高性价比也能带来摩托车的极致体验。

图 3　森科的明星产品之一——金刚豹 SK300

在产品开发过程中，李总要求技术人员首先学会欣赏，欣赏这款摩托车为什么被喜欢，学会欣赏细节。在欣赏细节过程中，要学会分辨出哪些是我们能实现的，哪些不能，哪些目前还不能，但是有改进希望的。抱着能迈进一点是一点的实事求是精神，在欣赏中学习，在欣赏中不断进步。在整车开发过程中，李总表示，最困难的不是技术创新，而是要精准地理解市场潮流和变化。针对如何保持现有技术优势，李总表示，森科有自己一套独特的做法，不一定适合他人，但一定适合森科。他说，第一，森科保持一定规模的技术团队，设计团队维持在 20～30 人，其他团队与之相匹配，这也与森科整体规模相适应。第二，在人员构成上主要以本地人为主，这样可以保持技术开发的连续性。在学历构成上，森科并不特别注重学历，而是以能力为主，大专及以上学历的员工占总人数的 1/3 以上。第三，持续稳定的资金投入，森科每年的开发资金在千万元左右，不断进行试验，并适当改进模具。第四，合理的业绩考核制度。第五，技术人员的培训与进修制度，这一点非常重要。森科的许多技术人员都在全国甚至世界著名高校或研究所有过或长或短的进修经历。进修不仅让技术人员学到了新技术，更是刺激了技术人员不甘人后奋起直追的决心。只有持续的技术进步才能跟上时代潮流，才能做到技术更好，成本更低。李总强调，摩托车属于国家强制安全产品，各国法律对摩托车都有自己的技术规范，在进入外国市场时一定要先了解其相关法律，森科在技术开发时就做到了未雨绸缪。

李总说，森科每年都会参加世界顶尖的摩托车展览会——意大利米兰摩托车展会，这不仅是展示实力的过程，也是一个学习的过程。所以在展会期间不仅销售团队格外忙碌，技术团队也非常忙碌。通过不断学习和整合，森科逐渐形成了自己的技术优势，不是最高精尖的，但一定是最适的。

在森科的网站上写着这样一句话，“青山高而望远，白云深而路遥”。唐朝诗人王勃的佳句清晰地表达了森科人对品质和创新永无止境追求的精神。品牌的国际化之路不会一帆风顺，市场的定位也不能一蹴而就，也不会一成不变，唯有不忘初心，脚踏实地，方能在成熟的摩托市场中开辟出一片属于自己的天地。

玻璃艺术之光
——大连卡莎·慕玻璃艺术股份有限公司

罗来军，朱彩云

1 引　　言

艺术玻璃是以玻璃为载体的创意艺术产品，其兼具观赏性、实用性和收藏价值。我国玻璃行业经过多年的发展，玻璃产品已经在建筑装饰、家居装饰、生活用品等领域有了广阔的市场。但是艺术玻璃企业的起步相对较晚，目前我国艺术玻璃企业百家争鸣，主要以中小规模为主，大多采取“多元化、小而全”的手工制作生产方式。大连卡莎·慕玻璃艺术股份有限公司（简称卡莎·慕），是众多艺术玻璃企业中的一匹“黑马”，位于我国辽宁省大连市，该城市作为玻璃工业历史悠久的一座海滨城市，素有“景德镇的瓷器，大连市的玻璃”的美誉。依托于大连市得天独厚的产业政策和多年生产经营经验的积累，卡莎·慕已经成为中国艺术玻璃行业的领导品牌。

卡莎·慕品牌始创于2004年，公司创始人纪庆锴带着对玻璃的挚爱和实现人生理想的执着，创立了大连卡莎·慕玻璃艺术股份有限公司，公司主要以日用玻璃制品进出口贸易为经营方向。后来经过对企业发展方向的思考和对未来市场的预判，公司高层决定了卡莎·慕玻璃工贸一体化的战略发展方针，现在已经是一家专门从事手工艺术玻璃品的研发设计、规模生产、仓储物流、线上线下品牌销售及玻璃产品进出口贸易的全产业链的高新技术企业。

作为中国本土的艺术玻璃自有品牌，同时也是辽宁省著名商标和名牌产品，公司有着雄厚的技术研发实力，卡莎·慕自主研发了300多种彩色钠钙玻璃配方，并且拥有40多项国家专利。此外，卡莎·慕还积极学习海外先进经验，开拓海外市场，公司分别于2010年和2013年成功并购了瑞典百年品牌Bergdala玻璃工厂和美国MOVA科技公司，并成功成为宜家、莱昂纳多、全友家私等知名企业的产品供应商。历经多年发展，公司持续多年市场占有率位居中国第一，曾获美国全球进出口协会授予的“中国最佳供应商”、中国对外贸易经济合作部颁发的“AAA级”信用等级证书、色彩中国“中国家居饰品色彩大奖”、首届中国家居饰品行业评选“十强（玻璃）企业”等荣誉，是中国艺术玻璃行业当之无愧的龙头企业。

卡莎·慕在艺术玻璃制品发展的基础上，扩大产业布局，未来将实现玻璃文化主题公园、玻璃艺术博物馆、玻璃艺术会所和玻璃特色酒店等板块的扩张，艺术玻璃集群效应将进一步促使工业与旅游产业的合体发展。全方位、多元化的战略布局不仅满足了市场上不同客户群体的需要，也为卡莎·慕迈出中国、走向世界奠定了坚实的基础。

2 艺术玻璃品介绍

艺术玻璃产品在我国历史源远流长，在中国古代又被称为“琉璃”，中国最早的原始玻璃器物可以追溯到西周前期或者稍早一些，但是由于我国古代陶瓷、青铜器和玉器的发展，艺术玻璃制品难成大器。由于玻璃具有通透感好、适应性强、易变形着色、时尚精美等独特品质，相对稀有的琉璃制品在中国古代可以说是奇货可居。现今，虽然艺术玻璃制品历经数年发展，但仍然是小众的艺术产品和生活用品。

对于有着无限创作热情的设计师、工匠而言，玻璃材质的独特性具有妙不可言的吸引力，他们以玻璃为载体、以艺术为灵魂创造出样式各异的精美作品，通过热加工①对产品进行吹制、压模、铸造、坯心成形、拉丝热塑、脱蜡铸造、灯工，或者通过冷加工对产品进行釉彩、彩绘、研磨、刻磨、塌陷（热熔）、切割、抛光、镶嵌、浮雕、版画、喷砂、酸蚀、叠合（黏合）。

加工方式的不同使得玻璃制品的应用领域也大相径庭。热加工的艺术玻璃制品主要用于摆件陈设及挂饰品，比较具有代表性的有室内雕塑、室外雕塑、案几摆件、灯饰、首饰、工艺器皿等产品。产品侧重于观赏性和艺术品位，着重艺术表现力、感染力与震撼力，讲究用材优良，技术精湛，突出绝无仅有，强调艺术造型天下无双的个性，具有收藏价值，是艺术玻璃业的一大分支。本文研究的企业卡莎·慕旗下的产品主要就是以热加工为主的工艺性装饰品和工艺器皿，产品定位于中高端艺术玻璃产品，旨在为生活空间注入艺术之美。

而冷加工的产品主要应用于现代家居装修艺术，集美化功能与实用性于一体。产品侧重于玻璃产品在建筑装饰、家居装饰、生活用品中的应用，比较具有代表性的产品有镀膜玻璃、彩绘玻璃、彩色釉面玻璃、喷砂玻璃、蚀刻玻璃、夹层玻璃、雕刻玻璃等，侧重于美化建筑场所与生活空间，提高建筑物的档次感，进而营造出高品质生活的质感，这是艺术玻璃业的另一大分支。

① 加工温度高于 850℃的叫热加工，加工温度低于 850℃的叫冷加工。

3　卡莎 · 慕基本情况

3.1　卡莎 · 慕基本情况及发展现状

1）公司基本情况

卡莎 · 慕位于大连普湾新区炮台镇，成立于 2004 年 3 月，是大连尚艺玻璃集团有限公司全资控股子公司。公司占地面积 54 亩，注册资本 4250 万元。主要经营范围有手工艺术玻璃品的研发设计，规模生产，仓储物流，线上线下品牌销售及玻璃产品进出口贸易，是拥有全产业链的高新技术企业。而卡莎 · 慕则拥有大连卡莎 · 慕玻璃艺术工程有限公司和大连玻璃小镇文化创意有限公司两家全资子公司。

卡莎 · 慕最初以日用玻璃制品进出口贸易为主要经营方向，但众所周知，产品利润低、订单严重依靠上游采购商是进出口企业的通病。因此，公司很早就意识到发展自主品牌是卡莎 · 慕玻璃成长的必经之路。2005 年开始，公司通过细分市场和准确定位，创立“Ariamotion”（尚艺）品牌和“DailyIdea”（每日构想）品牌，主攻国际市场；创立“Casamotion”（卡莎 · 慕）品牌，主攻国内市场；创立“Conviva”（和美雅）品牌，主攻商务礼品市场。经过十多年的发展，卡莎 · 慕旗下的自主品牌在各自的细分市场取得了较大的份额，获得了“辽宁省著名商标”和“辽宁名牌产品”等荣誉称号。卡莎 · 慕股权结构如图 1 所示。

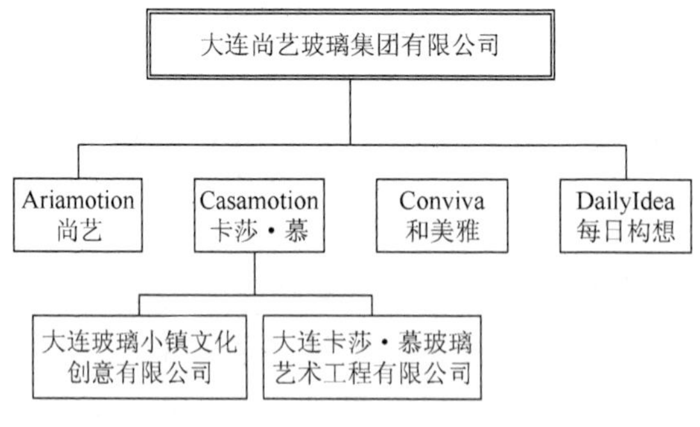

图 1　卡莎 · 慕股权结构图

2）公司发展现状

截至 2015 年，卡莎 · 慕拥有总资产 3.5 亿元，固定资产净值 2.4 亿元，2014 年实现销售收入2.3亿元，2015年销售收入达到2.8亿元，2016年销售收入突破3亿元。工厂拥有两条全电池炉连续生产线和20个电坩锅炉生产线，日产达28吨，并建有综合办公楼、厂房、宿舍楼、库房等，设施齐全。公司的主营产品包括艺术玻璃花瓶、LED艺术玻璃灯具、艺术玻璃工程定制、工业旅游体验馆和一般进出口贸易。

我国的艺术玻璃行业拥有为数众多的中小型企业，但是存在生产同质产品和技术含量低的问题。卡莎·慕一直重视企业的技术研发投入，积极响应国家节能减排的号召，贯彻绿色环保的发展理念。通过调整传统铅玻璃配方组分，于2009年成功研发出了对人体无毒无害的、绿色环保的无铅玻璃水晶新材料，通过了瑞典宜家家居的验厂工作，成为其在东北地区唯一的手工玻璃制品供应商。同时，为了摆脱传统玻璃器皿行业的同质化竞争，突出卡莎·慕品牌的设计优势和供应链管理能力，卡莎·慕积极布局产品转型，组建灯具设计和销售团队，建立灯具生产线，不断提高灯具产品比重，提升公司利润水平。

2010年，公司决定放弃传统燃煤加工技术，对生产基地进行了全面的电气化改造，最大限度地稳定了产品质量，降低了生产对大气的污染。对各种生产设备进行节能化改造，取得《窑炉余热供暖系统》等一系列的专利证书。2014年，卡莎·慕被认定为国家级高新技术企业。

2010年，卡莎·慕成功并购了瑞典百年品牌Bergdala玻璃工厂，控股100%，借助瑞典工厂的品牌、设计、技术、渠道等优势使卡莎·慕在研发技术方面得到了极大的提高。公司也不失时机地成立了大连博格纳水晶艺术工程有限公司，涉足工程灯具市场，以瑞典品牌、瑞典原料和设备，抢占酒店、会所、别墅大型水晶灯具市场，以高性价比与国际大牌直接竞争。

2013年，卡莎·慕酝酿重大转型，涉足文化创意产业，成立了大连玻璃小镇文化创意有限公司，创立“玻璃小镇”工业旅游品牌。玻璃小镇本着传承大连玻璃百年历史的理念，集聚产业龙头、文化创意、创业者、科研院所、孵化器、跨境电商等高端要素，积极促进产业链、创新链、人才链等耦合，打造创新创业平台、跨境电商平台、国际交流平台和玻璃文化传播基地。经过3年的悉心经营，玻璃小镇羽翼渐丰，从众多特色小镇中脱颖而出，于2016年获得“大连市特色小镇创建评选”第一名、大连市创新创业示范基地等荣誉称号。2017年开始，公司陆续投资20亿元，建设占地面积1平方千米，涵盖玻璃博物馆、玻璃工作室、玻璃产品集散中心、跨境电商基地、玻璃国际艺术交流中心、玻璃文化与培训学院等于一身的4A级景区——玻璃文创公园，打造辐射东北地区的玻璃文创产业基地。

2013年，卡莎·慕成功并购美国MOVA科技公司，控股53%。美国MOVA科技公司拥有全世界独特的光能自转马达专利技术，现有产品畅销全世界。未来将在中国、美国、欧洲三大消费市场建立营销中心，全面拓展全球化销售网络，并将与卡莎·慕共享欧美渠道资源和仓储资源。

2014 年，卡莎 · 慕决定进入资本市场，并于 2015 年 11 月完成股份制改造，积极运作上市，2017 年初上市新三板创新层，成为业内首家上市企业。

至此，卡莎 · 慕宏大的战略板块已经初见成型，以玻璃产业为依托，逐步从 OEM 转型为自有品牌；从传统贸易变为跨境电商；从展会批发到社交型消费；从玻璃饰品升级到水晶艺术灯具；从生产制造行业迈向文化创意领域；从本土企业发展为跨国公司；从私人投资到借助资本市场，卡莎 · 慕的每一步都方向明确，步伐坚定，未来的卡莎 · 慕必将创造更大的辉煌。

3.2 艺术玻璃产生基地——玻璃小镇基本情况

2014 年 10 月 24 日，大连卡莎 · 慕玻璃艺术股份有限公司全资注册大连玻璃小镇文化创意有限公司，并在公司厂址上进行扩建改造。2015 年 9 月 26 日，玻璃小镇正式营运，成为国内首家集玻璃制造、艺术设计、电子商务、旅游休闲于一体的创业特色小镇。

玻璃小镇位于辽东半岛中西部，坐落在普兰店湾畔，位于金普新区的西北端，隶属于大连金普新区炮台街道，规划核心区 1 平方千米。小镇所在区域有多条公路和铁路贯穿，地理位置优越，交通十分便利，距大连市主城区仅 48 千米。

玻璃小镇以大连卡莎 · 慕玻璃艺术股份有限公司为建设主体，在政府部门的大力支持下，通过玻璃文化传播、玻璃艺术体验、玻璃博物鉴赏等多种形式，集聚产业龙头、文化创意、创业者、科研院所、孵化器、跨境电商等高端要素，促进产业链、创新链、人才链等耦合，形成创新创业平台、跨境电商平台、国际交流平台、文化传播基地，打造辐射东北地区的高端工业旅游品牌，助推传统玻璃产业的升级改造和三次产业的融合发展，是促进新型城镇化建设和区域创新发展的重要引擎。

2016 年 3 月 25 日，金普新区为玻璃小镇授牌，大连市人力资源和社会保障局为玻璃小镇创客空间授牌。2016 年 7 月，玻璃小镇在“大连市特色小镇创建评选”中获得第一名，成为金普新区和大连市第一家“特色小镇”。

4 卡莎 · 慕行业发展环境分析

企业的外部环境是不断变化的，如消费者口味的改变、政府变更、新法律的颁布、市场结构的变化、新技术革命带来的生产过程的变化等，不胜枚举。企业应对和处理这些环境变化的能力是企业成功的关键所在，是企业能否生存的根本。本文将分别采取 PEST 分析法和波特五力模型分析卡莎 · 慕所面临的宏观环境和行业环境。

4.1 宏观环境分析

PEST 分析法包括政治（politics）、经济（economic）、社会和文化（social and cultural）与技术（technological），本文将通过这四个方面近十年的发展状况，分析宏观环境对卡莎·慕的影响。

1）政治

政治主要是指对组织经营活动具有实际与潜在影响的政治力量和有关的法律、法规等因素。国家和地方政府是企业活动的主要监管者、补贴者、雇主和客户，对企业生产、销售和服务活动具有重要的调控作用。目前，主要影响卡莎·慕创新与发展的政策包括玻璃行业政策、税收政策、国家产业升级转型政策。

在中国经济进入“新常态”的大背景下，供给侧结构性调整“去产能、去库存、去杠杆、降成本、补短板”成为时代的主旋律，艺术玻璃站在了玻璃产业结构性调整的“风口”。平板玻璃作为我国政府认定的严重产能过剩产业之一，“去产能化”和转型升级迫在眉睫。而艺术玻璃则以富有创造性的方式将玻璃的艺术性和实用性完美地结合起来，在建筑装饰、家具装饰和生活用品市场均有广泛的应用。因此，艺术玻璃企业的发展在承接过剩原料利用、扩大玻璃产品市场、促进玻璃产业创新发展等方面发挥着举足轻重的作用。

同时，基于国家转型发展需要和国内创新潜力提出的重大战略——“大众创业，万众创新”（简称双创），也为艺术玻璃产业的创意发展提供了良好的政策支持。伴随《国务院关于大力推进大众创业万众创新若干政策措施的意见》等文件的出台，许多促进产业创新的优惠政策和法律法规也陆续推出。因而双创政策不仅在很大程度上改善了我国创新创业的环境，也最大限度地刺激了人们创新创业的信心。目前，我国艺术玻璃产业仍然以中小企业为主，在双创的政策激励下，广大中小艺术玻璃企业必然如沐春风，蓬勃发展。此外，随着创意文化产业与玻璃制造业的完美融合，艺术玻璃产业将有助于全面提升中国玻璃制造业的发展质量和水平，从而逐渐助力于改变中国制造业“大而不强”的局面。因此，艺术玻璃产业的发展也是我国实施制造强国战略的题中之意。

卡莎·慕位于大连市普湾新区，普湾新区是中国第十个国家级新区。普湾新区政府科学规划发展产业园区，积极完善当地基础设施建设，努力推进特色小镇落地建设，从而为当地的经济发展提供了科学的意见指导和政策支持。随着普湾新区《关于加快推进特色小镇规划建设的实施意见》政策的出台，金普城际、普湾跨海大桥等基础设施的建设，以及发展基金、平台建设的扶持政策，普湾新区政府全方位、有重点地助力于推进特色小镇的建设。以艺术玻璃为特色产业的炮台玻璃小镇也得到了政府的重点支持，卡莎·慕的艺术玻璃产业将以玻璃小镇为辐射中心，在政策支持下全面发力，占领国内市场，走向世界。此外，当地政府在国际项目交流中，大力支持本地艺术玻璃产品，通过购买、展览、馈赠本地产品，以内部消费吸引国际市场，积极促进大连市艺术玻璃产品“走出去”。

2）经济

企业能否发展壮大在很大程度上受所在国家经济状况和经济实力的影响。一个国家的经济体制、经济结构、经济政策和经济当前运行状况都会影响企业发展的机会和程度。尤其是对我国中小企业而言，如何在经济形势下行的情况下独善其身和在经济形势上行的环境中成长壮大都是艰巨的任务。

随着我国经济发展步入“新常态”，我国经济持续面临着较大的下行压力。2015 年，我国 GDP 达到 67.7 万亿元，增长 6.9%，低于中国历年经济增长水平，但在世界主要经济体中仍位居前列。在产业结构上，第一产业增加值同比增长 3.9%，占 GDP 的比重为 9.0%；第二产业增加值同比增长 6.0%，占 GDP 的比重为 40.5%；第三产业增加值同比增长 8.3%，在 GDP 中的比重首次超过 50%，同发达国家相比，我国第三产业仍有较大的发展空间。同时，2015 年我国居民人均可支配收入 21966 元，实际同比增长 7.4%。整体而言，我国宏观经济状况相对较好，可以为我国艺术玻璃产业的发展提供良好的经济环境。第三产业的发展潜力也仍待进一步发掘，而艺术玻璃产业作为第三产业的一部分，不仅产业自身的发展会带动第三产业的发展，而且通过将艺术玻璃产业与旅游业进行联动，可以多方位地促进第三产业的发展，从而满足我国人民日益增长的物质文化需求。

卡莎·慕位于中国大连市，作为辽宁省集贸易、港口、工业、旅游于一体的海滨城市，大连市的经济发展条件得天独厚，综合经济实力在辽宁省排名第一。2015 年，大连市 GDP 达到 7731.6 亿元，同比增长 4.2%，位居辽宁省首位，全国排名位列第 17 位。从产业结构上看，第一产业增加值 453.3 亿元，同比增长 3%；第二产业增加值 3580.8 亿元，同比增长 0.9%；第三产业增加值 3697.5 亿元，同比增长 8.2%。三次产业对经济增长的贡献率分别为 3.9%、10.6%和 85.5%，第三产业已经成为拉动大连市经济增长的主引擎。2015 年大连市居民人均可支配收入 35889 元，高于全国平均水平，比上年增长 6.8%。良好的经济结构和发展前景为当地企业的发展创造了良好的环境，并且随着收入水平的增长，人们开始追求高质量的生活品质。卡莎·慕依托于本地市场，可以不断创新艺术玻璃产品工艺，完善产品体系，从而为占领全国市场积累雄厚的实力。

3）社会和文化

社会主要是指一个国家或地区的环境要素，包括人口规模、年龄结构、种族结构、收入分布、消费结构和水平、人口流动性等。其中，人口规模直接影响一个国家或地区市场的容量，年龄结构则决定消费品的种类及推广方式。文化则是指一个国家或地区所在社会成员的民族特征、文化传统、价值观念、宗教信仰、教育水平及风俗习惯等因素。

我国自改革开放以来，经济的快速发展带来了社会样貌的巨大变化。2015 年，我国城镇化率达到 56.1%，城镇常住人口达到 7.7 亿人，而城市化水平的显著提高相应地也伴随着人民素质的提升，据《全国人口普查条例》和《国务院办公厅关于开展 2015 年全国 1%人口抽样调查的通知》调查显示，与 2010 年第六次全国人口普查相比，我国具有大学（含大专及以上）教育程度和高中（含中专）教育程度以上的人口显著增加；而具有初中及以下教育程度的人口显著减少。随着我国人民收入水平的提高，人们的消费水平和消费结构也受到社会环境的变化而发生了重大改变，2015 年消费对社会经济增长的贡献率达到 66.4%，比上年高出 15.4 个百分点。因而在经济转型期间，我国各行各业蕴藏着勃勃生机，随着供给侧改革的深入推进，制造业的不断转型升级，国内企业将会优化国内产品供给，提供更多高品质、有创意、迎合市场需要的产品。

同时，社会结构的变化也促使消费观念发生了巨大的变化。一方面，随着家庭收入不断增加、教育融资和消费信贷不断扩大、消费环境的不断改善，人们对于产品的消费已经不满足于产品的基本功能，而更加追求附着于产品的艺术和文化内涵，尤其是中高层收入者相当注重产品所带来的品牌价值和身份象征。另一方面，随着生活质量的提高，人们的健康和养生意识增强，在产品满足消费者基本需求的情况下，还倾向于购买和使用无公害、环保型产品。尼尔森咨询机构调研数据显示，2015 年中国健康食品销售增长 15%，高出普通食品市场销售增长的 10%。集实用性与创意性的艺术玻璃产品完美地契合了社会消费观念的变革趋势，而且卡莎·慕的“无铅水晶”也使得产品本身区别于市场上的其他玻璃制品，从而较好地将企业自身的发展理念与社会消费习惯的变化融为一体。

4）技术

技术是指与一个企业所处领域经营活动直接相关的科学技术，如一个国家对科研经费的投入力度与投资重点、新技术的变革速度与应用程度，以及国家对专利技术的保护程度。新技术的出现可能会促使一些行业的诞生和覆灭，也会影响到制造部门和职能部门的变革，因而企业必须要预见新技术给企业带来的变化。

2015 年，我国科技经费投入持续增长，全国 R&D 经费支出 14169.9 亿元，比 2014 年增加 1154.3 亿元，增长 8.9%，其中各类企业经费支出 10881.3 亿元，占全社会研发支出的 77%，有力地推动了科技领域和企业科技的改革与发展，同时也表明我国企业已经在自主创新中成为市场主体，发挥着决定性作用，这对于我国传统产业改造和新行业新产品的发展既具有必要性又具有必然性。在信息经济时代，互联网的存在使得人类可以对历年累积的科技成果良好地储存、传播和利用，而且“互联网 + ”政策的出台进一步完善了创新创业平台，降低了创新创业门槛，促进了科技创新成果的及时转化。但同发达国家相比，我国科技创新仍然存在科技成果转化率较低，政府与企业研发经费投入强度较低等问题。

1970 年，作为钓鱼台国宾馆、外交部驻外使领馆的专供产品，大连玻璃获得了“全国名优产品重点保护品牌”的称号。基于大连市悠久的玻璃工业历史，大连市集聚了众多技术精湛的玻璃艺术工匠和理念领先的玻璃设计人才，同时也孕育出众多优秀的玻璃企业。卡莎·慕作为众多艺术玻璃企业中最具代表性的企业，也得益于大连市优越的技术环境。总体而言，我国科技创新的环境较过去有了巨大的改善，但“创新驱动”型经济发展道路仍然任重道远，需要众多行业的中小企业充分发挥自身的比较优势在自主创新中百花齐放。

4.2 波特五力模型分析

波特五力模型认为行业中存在决定企业竞争强度的五种力量，这五种力量的状况及综合强度影响并决定了企业在行业中最终获利的潜力。这五种力量包括行业中现有竞争者的竞争能力、潜在的进入者、替代品的威胁、供应商的议价能力、购买者的议价能力。

1）行业中现有竞争者的竞争能力

现有竞争对手以人们熟悉的方式争夺市场地位，战术应用通常是价格竞争、广告战、产品引进、增加顾客服务及保修业务等。

我国艺术玻璃企业历经多年发展，已经成为一个独立的特色产业，主要以中小企业为主。企业的经营模式主要可以分为三大梯队，第一梯队是集研发设计、生产加工、销售、外贸出口为一体的艺术玻璃企业，该类企业具备一定的生产规模，以大量手工制作和机器处理联合生产为主要制作方式，是全国艺术玻璃行业最重要的市场主体，但大多数企业目前还不具备规模生产的能力。第二梯队是以个体工商户为主要形式的小企业，该类企业占据行业企业数量的70%，数量最多。其具备一定的生产能力，从业人数也较少，经营活动最为注重研发设计给客户带来的独特体验，是艺术玻璃行业目前最主流的企业发展模式，该类企业一般会在地域上形成一定的影响力。第三梯队是以手工作坊为主的商店、艺术品工作室，该类企业并没有专业化的产品生产链和从业人员，以产品设计为主要卖点，产品主要委托其他生产企业生产加工，主要以自展自销为主。

2004年成立至今，卡莎·慕已发展成为中国手工艺术玻璃的龙头企业，在中国手工艺术玻璃行业市场占有率连续多年排名第一，卡莎·慕以其丰富的产品线和品牌建设在各个细分市场均取得了较大的市场份额，竞争压力相对较小。虽然是玻璃艺术行业市场领导者，但行业中以个体工商户为主流的小规模生产企业数量众多，也具备一定的生产规模，在互联网信息时代，该类企业的成长性不可小觑，是追赶市场领导者的主要“潜力股”，企业自身被追赶的压力较大。

2）潜在的进入者

加入一个产业的新对手，具有引进新业务的能力，并带有获取市场份额的欲望，同时也常常带来可观的资源。

在我国经济转型升级的背景下，艺术玻璃产业在产业层面不仅符合国家产业转型升级的要求，在产品层面也更加符合中国消费者的个性化需求。玻璃产业作为我国典型的过剩行业，最主要是平板玻璃行业的相对过剩，由于平板玻璃企业的行业退出壁垒较高，从而促使大量平板玻璃企业向艺术玻璃企业进行探索与转型。因而艺术玻璃产业在巨大的市场潜力和国家政策的支持下，成为我国新兴的朝阳产业。同时，由于艺术玻璃行业目前仍然以中小企业为主，各个企业尚未形成独特的核心竞争力，因而艺术玻璃制品仍然以产品的差异性为主要卖点，且艺术玻璃产品的设计、款式容易被模仿，在各个企业还没有形成品牌号召力的行业现状下，各个企业的玻璃制品并没有明显的竞争优势。

此外，艺术玻璃产品的制作工艺和技术也相对简单，行业内也未出现规模经济，所以整个行业的进入壁垒较小。因而从业者只需拥有小规模的技术工人和生产设备，便具备一定的生产能力，且在“双创”政策的激励下，艺术玻璃企业的建立也相对简单。新兴的艺术玻璃产业将会吸引更多的从业者竞相加入，使得我国艺术玻璃企业之间的竞争愈发激烈，并且呈现越来越多样化的趋势。

3）替代品的威胁

广义上看，一个产业的所有公司都与生产替代品的产业产生竞争。

艺术玻璃制品是我国工艺美术制品的新兴品种，起步晚，市场基础薄弱，在消费者认知度和受众度上较传统的工艺美术品而言均有一定的局限性。根据中国产业信息网显示，亚洲作为全球最大的工艺品生产基地，分布有大量从事陶器、陶瓷、黏土块、绘画、雕塑、金属工艺品、古董家具、古董珠宝、宝石和石头、纺织品、纸工艺等加工制造的手工作坊和工厂，此类艺术产品大部分在中国有着深厚的历史文化基础，我国大众尤其对瓷器、雕塑、古董珠宝和宝石类产品有着广泛的认知，群众基础相当牢固。同时，消费者在艺术玻璃产品与替代品之间的转换成本几乎不存在，因而我国消费者的产品偏好存在一定的转换性。此外，我国工艺美术品行业经历了 2004～2013 年的高速发展之后，随着全球经济进入低迷时期和我国进入经济"新常态"，工艺美术品的内需和出口市场也迎来了行业的"寒冬"。据中国信息网数据显示，2016 年我国工艺美术品销售额较 2013 年下滑超过一半，刚刚兴起的艺术玻璃品在相对低迷的行业环境中想要脱颖而出，必须扩大自己的营销力度，扩大在消费者心中的认知度，从而使得艺术玻璃品在工艺美术品的"战国时代"局面中别开生面。

4）供应商的议价能力

供应商可以通过提价或降低所销售产品或服务的质量威胁向某个产业中的企业施加压力。

玻璃产品的主要原料是石英砂、石灰石、长石、纯碱、硼酸等，通过配料后再经过熔制、成形、退火等工序即可加工成成品。一方面，虽然艺术玻璃的原料以颜色玻璃为主，但平板玻璃与艺术玻璃在原料配料上仍具有一定的相似性。在玻璃产业升级转型的情况下，可以预测玻璃行业的原材料供应会从平板玻璃企业更多地转移到艺术玻璃企业。同时伴随着房地产行业增长速度的下滑，平板玻璃产业成为我国过剩行业之一，平板玻璃制品的滞销对其上游的原料供应商也造成了一定的压力，玻璃原料供应商亟须新的出口去消化过剩的原材料积压库存。另一方面，艺术玻璃在制作工艺上仍区别于平板玻璃，艺术玻璃在彩绘、釉彩、镶嵌抛光、着色、吹制等方面所需的原材料一般有专业的供应商，比较容易取得。因而，由于艺术玻璃产业与平板玻璃产业在原料配置上的相似性和加工制作原料的易取得性，众多艺术玻璃中小企业将会成为各个供应商新的角逐对象。

此外，原材料供应企业所销售的产品因较小的产品差异性和数量众多的竞争企业，各个企业并未形成明显的竞争优势，提供更低的价格与提高服务质量成为原料供应商主要的竞争手段，因此各个原材料供应企业的行业集中度较低。在此基础上，艺术玻璃企业可以充分搜集、对比供应商的产品再选出符合企业最优成本决策的供应商，重新选择和转换供应商的成本也相对较低。同时，艺术玻璃企业的客户不能直接与上游供应商进行商业联系，从而使得各自为营的供应商不利于提高自身的议价能力。在玻璃制品基础原料供应充足的情况下，供应商讨价还价的能力较弱。

5）购买者的议价能力

买方的产业竞争手段是压低价格、要求较高的产品质量或索取更多的服务项目，并且从竞争者彼此对立的状态中获利，所有这些都是以产业利润为代价的。

艺术玻璃品的客户可以分为机构客户和个人客户，机构客户主要包括建筑装饰公司、家装饰品第三方经销代销公司和生活消费用品公司。而个人客户涵盖范围较广，包括个人收藏艺术爱好者、景区纪念品消费者和普通消费者。在购买方式上机构客户主要是批量购买，但是由于艺术玻璃企业存在过多的同等竞争水平的同类企业，在卖方不降价的情况下，机构客户可以寻找到提供最优价格的竞争对手，在没有品牌效应的情况下，客户的忠诚度较低，容易流失。而个人客户主要是以零售为主，虽然具有明显偏好的客户市场比较稳定，但是在消费市场因为个人客户在地域上的分散性和信息的不对称，很难团结起来进行集中购买。此外，机构客户和个人客户团结作战的可能性非常低，购买方的讨价还价能力比较弱。

5 卡莎·慕的内部环境分析

针对企业内部环境，本文通过 SWOT 分析法来分析、总结、归纳卡莎·慕的优势与劣势，再结合企业的外部环境，寻找二者最佳可行战略组合。S（strengths）代表企业的长处或者优势；W（weaknesses）代表企业的弱点或劣势；O（opportunities）代表外部环境中存在的机会；T（threats）代表外部环境所构成的威胁。

5.1 卡莎·慕的优势分析

1）工贸一体化的格局是产品高品质的重要保证

拥有自己的生产基地，全方位地保证艺术玻璃产品的高标准。卡莎·慕是一家集设计、生产、销售为一体的大型集团企业。公司拥有 10 万平方米、年生产能力超亿元的中国最大艺术玻璃制品生产基地，基地采用国际先进的生产设备和欧洲标准的工艺流程。基地的建设完善了企业工贸一体化的产业格局，加强了企业的供应链管理，使卡莎·慕可以全方位地掌控产品的设计、生产、销售和售后服务，从而带给客户更加良好的产品体验。中国作为一个艺术玻璃生产大国而非强国，产品的同质化和低技术含量成为艺术玻璃产品亟待解决的问题，为此卡莎·慕也响应国家号召，积极实现产品原料绿色化，并加强研发设计投入。同时，卡莎·慕还建立了完善的质量及检验控制系统，于 2013 年通过 ISO9001 认证和 ISO14001 认证，先进的生产管理能力和符合国际标准的品质管理体系能够最大限度地保证产品的高品质、高标准。

2）快速扩张布局电子商务，赢得国内外市场认可

卡莎·慕凭借企业卓越的追求和优质的产品，以及良好的服务理念，在国内外市场均赢得了较大的市场份额。公司旗下产品远销海外市场，在欧洲拥有 IKEA HANDELS AG（瑞典宜家集团）、VILLEROY&BOCH AG（VB）（德国唯宝）、LEONARDO（德国莱昂纳多），在美国有 TARGET（美国塔吉特公司）、WILLIAMS-SONOMA，INC（威廉索罗马集团）等顶级客户。在国内则拥有曲美家具集团股份有限公司、全友家私、安美西石贸易（浙江）有限公司、中石油便利店等优质客户。同时，公司立足时代发展潮流，积极布局电子商务，2013 年在杭州设立卡莎·慕电子商务公司，拥有淘宝、京东、天猫卡莎·慕旗舰店，国际上则有亚马逊店。线上与线下的同步发展，国内外市场的积极开拓，极大地丰富了卡莎·慕的市场运营经验。截至 2015 年，公司拥有总资产 3.5 亿元，固定资产净值 2.4 亿元，2014 年实现销售收入 2.3 亿元，2015 年销售收入达到 2.8 亿元。

3）始终以生活为艺术品为创作源泉的品牌理念和精益求精的工匠精神是卡莎·慕强有力的品牌支撑

精湛的产品理念良好地塑造了卡莎·慕的品牌形象。卡莎·慕始终本着至臻优雅、源自创新的设计理念，以一种高贵且温和、极致却内敛的姿态，由内而外、由产品到理念不断地为空间注入艺术之美，传递着“卡莎·慕”式特有的优雅生活。此外，2008 年卡莎·慕成功引进国际顶尖的生产设备及制造技术，进而拥有一套完整的手工工艺标准。产品理念的引导和精湛的工艺使得卡莎·慕完美地将其对家居生活及室内装饰文化的深厚理解融入每一款产品的设计研发

中，源于生活的种种灵感造就了样式各异的新产品，卡莎·慕每年均有数百个新款在全球同步发布，连续多年参加法兰克福、巴黎等的国际先进设计展。优雅高贵的产品理念和先进的设计团队为卡莎·慕成为我国艺术玻璃领导品牌奠定了深厚的文化底蕴。

精益求精的工匠精神和不断追求技术的先进性，是卡莎·慕源源不断的前进动力。在产品上为响应国家建造“两型社会”的政策和开发适应市场需求的低碳环保型艺术玻璃产品，卡莎·慕创造出中国独有的钡晶质水晶溶脂技术，拥有大连市唯一一家硅酸盐工程实验室，并自主研发了300多种彩色钠钙玻璃配方，获得了40多项国家专利。在2010年，公司对生产基地进行了全面的电气化改造，不仅提高了产品质量的稳定性，而且减少了大气污染，该技术也帮助卡莎·慕在2014年被认定为国家级高新技术企业。2013年，卡莎·慕以53%的控股比例并购美国 MOVA 科技公司，获得了全世界独特的光能自转马达专利技术。

4）丰富的实战经验和先进的管理模式为卡莎·慕的产业扩张和布局奠定了坚实的基础

自2005年成立以来，卡莎·慕积极进行品牌建设和发展，成功取得了中国艺术玻璃企业的领导地位。2010年卡莎·慕通过以全资控股并购瑞典百年品牌 Bergdala 玻璃工厂，引进欧洲一流的生产管理经验，极大地提高了公司的研发技术，改善了企业的品牌形象，拓宽了产品的销售渠道。2013年，卡莎·慕涉足文化创意产业，成立大连玻璃小镇文化创意有限公司，创立“玻璃小镇”工业旅游品牌，促使工业旅游带动艺术玻璃产业的进一步发展，二者良性互动、相得益彰。汇集国内外一流的加工设备、欧洲先进的管理模式，结合其卓越的技术成就及其高瞻远瞩的战略规划，卡莎·慕以不懈的创新追求、出众的品质、令人信赖的可靠性在业界独树一帜，成为中国轻工业经济不可分割的一部分。

5）优秀的设计团队和卓越的人才储备计划为卡莎·慕的跨越式发展提供了坚实的后发力量

卡莎·慕组成了以纪庆锴为核心的领导班子，从设计师到工艺师，公司汇集各类专业技术、管理人才500余名，集中了一大批优秀的产品设计师及手工技艺精湛的技师。除了实力雄厚的本土设计团队，卡莎·慕还拥有来自法国、意大利、北欧等地的10位国际知名设计师，如 Frank、Mimmi、Hakan、孙楠等。此外，卡莎·慕为建设国际一流的玻璃技术、原料研发实验室和制造工艺创新工作站，开始着手培养自己的艺术玻璃人才队伍，加强与我国高等院校的合作，不仅与清华大学、鲁迅美术学院、大连工业大学等高等院校合作开设博士后流动站，开展国际学术交流与合作，提升国内工艺研发和设计水平。同时，还成立玻璃艺术培训学校，开设玻璃艺术设计、玻璃工艺美术、玻璃材料等专业课程，进行手工玻璃吹制职业技术培训，并颁发职业技术资质，培养、储备技艺娴熟的工艺性人才。

6）灵活地对集中研发与市场反馈之间的时滞性做出战略调整

卡莎·慕作为众多中小艺术玻璃企业的领导品牌，也尚未形成规模经济，正所谓“船小好调头”，企业的发展规划和生产计划可以灵活地为消费者的需求进行调整，以最大限度地满足消费者的利益诉求。同时，随着电子技术和通信网络的发展，消费者接触产品的渠道相对多元化，对产品的反馈也更加及时，因此消费者意识较以往有了很大程度的觉醒，消费者购物习惯和诉求日新月异。因而企业的研发设计部门不仅需要及时地应对多个市场的信息反馈，还需要及时地处理信息不对称及信息反馈过程中的时滞性。在这种情况下，规模相对较小企业的设计研发部门可以快速地对市场诉求进行精确充分的整合，及时抓住客户所关注的“痛点”，高准确性地满足顾客需求，从而避免规模生产条件下信息不对称带来的巨大损失。因而，当消费者的需求发生变化时，中小型企业可以及时地进行战略调整以保证企业的正确发展方向。

5.2　卡莎·慕的劣势分析

1）企业尚未形成稳定成熟的产品体系，且主导产品和拳头产品的优势与特点不突出

卡莎·慕自成立以来，积极开拓产品线，目前企业的主要产品是艺术玻璃器皿、艺术玻璃花瓶、LED艺术玻璃灯具、艺术玻璃摆件等系列产品，企业产品线较为单一，缺乏产品线宽度。与市场上同类型生活器皿相比，艺术玻璃产品的价格相对偏高，在广大消费者仍未习惯将艺术玻璃产品作为生活用品时，同等价位下消费者极易改变消费偏好。而与市场上同类型的艺术收藏品相比时，相对较低的价格容易吸引早期引领潮流的消费者，但考虑到艺术玻璃品的保值增值空间可能低于传统的艺术收藏品，在艺术玻璃收藏品仍然是一个小众市场的背景下，可以预测产品未来的流动性也比较低。因而相对较少的产品线和产品种类容易造成“高不成、低不就”的尴尬现象。

2）艺术玻璃产品的独特性使其难以实现大规模批量生产，不能满足多类别顾客的需求

一方面，基于不同的客户对于产品的差异化要求，艺术玻璃产品的个性化较强，这使得企业在进行生产时难以进行大规模的批量生产；另一方面，由于产品在制作工序上的烦琐程度高且消耗时间长，企业生产能力不足。企业现有的生产设备和技术工人在接受国内外大客户的订单后，难以再满足一些中小企业的市场需求。同时，短期内扩大企业生产规模的可能性也较低，艺术玻璃产品作为手工制作产品，关键在于娴熟的技术工人对每个生产细节的把控，而短期内培养多个技艺娴熟的工人是相当有难度的。所以，卡莎·慕有限的生产能力在很大程度上影响了其在特定市场份额的扩张。

3）企业品牌的影响力主要在业内而非整个消费市场

卡莎·慕经过多年的发展，在生产规模、研发技术、管理经验和市场营销方面都在行业内取得了突出的成就，但是新兴的事物在刚刚兴起时总会遇到一定的困难。艺术玻璃产品处于发展阶段时其各个方面的性能尚未被消费者认识和接受，与其他类型的工艺美术产品相比市场占有率不高，品牌尚未真正形成。同时，地处辽宁省大连市，公司在地域上有较大的影响力，但地理位置距离一线城市较远，使得公司的主要目标消费群体——中高收入群体，对品牌的认知程度较低，再加上企业较小的宣传力度，品牌的知名度还有待于进一步打造和提升。

5.3 卡莎·慕的市场机会分析

1）艺术玻璃市场的成长性在国内外都很高，具有光明的市场前景

艺术玻璃产品在我国无论是作为艺术收藏品还是生活用品，起步都比较晚，发展相对于西方发达国家而言比较滞后，但是全球艺术玻璃市场具有巨大的成长潜力。

一方面，全球日用器皿市场供给不足，由于西方发达国家的原料成本和人工成本相对较高，随着欧美发达国家或地区制造业的“智能化”转型升级，日用玻璃器皿开始朝着高质低产和高工艺方向发展，使得总体产能不能满足市场需求而需要大量进口；中东地区和非洲由于缺乏原料，其日用玻璃器皿也基本依靠进口，

因而全球日用器皿市场每年的需求持续增长。据图 2 显示，2007～2014 年全球日用玻璃器皿的需求量呈现逐年增长的趋势，从 2007 年的 1039 吨增长到 2014 年的 2133 万吨，7 年时间翻了一番。而且供给量常年小于需求量，供需缺口每年都大于 200 万吨。就国内日用玻璃器皿市场而言，《2014 年日用玻璃器皿行业分析报告》显示，相比于发达国家玻璃制品的人均年消费量 50～60 千克，我国玻璃制品人均年消费量为 10 千克，相对较少。在消费价格方面，我国年人均使用和消费水平也不到 100 元，不足欧美国家或地区的 1/10。因而全球玻璃器皿制品未来的市场空间很大，前景广阔。

另一方面，随着我国经济的发展，我国艺术品市场也得到了空前的发展。

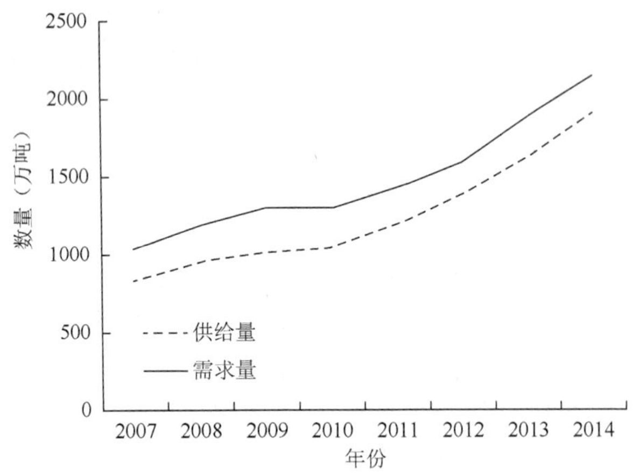

图 2　2007～2014 年全球日用玻璃器皿市场供需状况

数据来源：www.chyxx.com/industry/201509/341488.html[2015-09-02]

另外，艺术玻璃品作为艺术收藏品也有着巨大的潜力。随着中国经济的发展与人民收入的不断提高，国内的艺术收藏群体也在不断发生变化，过去我国艺术品收藏群体以懂行懂产品的收藏家为主，占艺术品收藏群体的大多数。但现在越来越多的中高层收入群体正在加入艺术品收藏市场，其中不乏将艺术产品作为具有潜在升值预期投资品的企业家和高净值人群。此时，资本市场成为收藏品买卖强有力的竞争对手，艺术收藏群体逐渐走向社会化、大众化。

2）国内消费观念升级，日益注重产品的创意与文化所带来的附加值

改革开放以来的经济飞速发展，促使我国人民财富积累也迅速增加，中产阶级的迅速崛起成长，“橄榄形”收入结构更加稳定。我国收入结构的变化对人民消费观念、消费习惯的变化具有直接的导向作用，且随着恩格尔系数的不断降低，

人们难以再满足于低端的、单一的日常生活用品，而更加注重能够带来附加值的品牌产品，体现个人生活品位和地位。具体而言，消费者选择商品的评价标准不仅仅限于商品价格，而且更加关注产品所传递的价值观、外形设计和品牌效应映射的个人品位。

3）可以学习欧洲发达国家企业的艺术玻璃设计理念和生产技术

玻璃工艺发祥于埃及，繁荣于欧洲，在欧洲玻璃艺术发展历史中有着浓墨重彩的一笔。古罗马时期，罗马人通过对玻璃制品的改良，发明了玻璃着色技术、热熔马赛克玻璃、玻璃吹造法的技术，促使玻璃工艺制作广泛传播。在文艺复兴时期，欧洲成为艺术玻璃行业的中心，在意大利、法国、德国、英国、捷克和奥地利等均有不同程度的发展，古罗马的热溶镶嵌、威尼斯的刻花、德国的彩绘等艺术手法已经相当成熟。此后，世界艺术玻璃产业在继承与发扬欧洲工艺的基础上进一步发展。卡莎•慕正是意识到欧洲玻璃艺术的先进性，于 2010 年成功并购瑞典百年品牌 Bergdala 玻璃工厂，2013 年成功并购美国 MOVA 科技公司，不仅可以学习海外的玻璃艺术一体化生产销售管理经验，还可通过技术引进的方式进一步加强公司在国内的技术竞争优势。

5.4 卡莎·慕的外部环境威胁

1）全球经济低迷，国内外消费市场萎靡

后金融危机时代，世界各国经济恢复缓慢，新经济增长点尚不明朗，失业现象普遍存在，国内外总需求不足。受全球经济下滑的影响，出口导向的玻璃企业受到较大的冲击，国际市场订单的减少降低了企业业务量，致使企业的生产能力不能充分发挥，前期投入的资本不能逐期回笼，企业最终可能会出现资金流动危机。中国沿海地区大量制造业企业的倒闭反映了我国出口贸易发展的恶劣形势，而艺术玻璃企业作为制造业分支之一，也会受到一定程度的影响。在资金和市场的双重压力下，艺术玻璃企业如何突围具有相当大的挑战性。

2）艺术玻璃企业的地域竞争过于激烈

艺术玻璃行业数量众多的中小企业是卡莎•慕潜在的竞争对手，在地域上南方的艺术玻璃企业更为密集。例如，上海琉园水晶制品有限公司，是享誉全球且多次被世界级博物馆典藏的艺术水晶玻璃品牌。如果该企业在短期内获得大规模的扩张，品牌和规模生产的双重优势将会对卡莎·慕形成严重威胁。又如，广州市玻璃先生实业有限公司，也是一家专业设计、研发、生产、销售艺术玻璃、灯饰、玻璃家居精品的现代化高科技企业。产品不仅在广东省具有强大的地域影响力，也在欧美、日本、韩国占据一定的市场地位。中国十大艺术玻璃品牌几乎全部位于南方城市，卡莎·慕在东北地区的知名度、地域影响力较大，但是在全国仍然没有形成显著的竞争优势，位于中国北方的卡莎·慕若想在南方的消费市场反客为主。一方面需要清楚地了解南方消费群体的特征；另一方面也需要积极开拓市场，扩大市场占有率，从而提升品牌的影响力。此外，基于玻璃产品的易模仿性、行业较低的门槛，卡莎·慕需要缩短研发设计与市场应用的反应时长，尽量建立扁平化的企业职能结构，从而保持企业在产品研发创新方面的优势，始终保持高质量、多种类的产品供给，以保证企业在行业内的领导地位。

3）行业内价格竞争压缩了企业的利润空间

众多的艺术玻璃产品，除了装饰性的艺术玻璃，大多数艺术玻璃企业的产品定位差异不大，主要是以花瓶、灯饰、艺术摆件等相对独立的产品为特征。由于现阶段艺术玻璃行业没有出现典型的知名企业，再者，艺术玻璃产品作为非消耗品，在一般情况下普通消费者基本是一次性买卖或者多次购买，不会出现无限购买的情况。产品知名度的塑造和销量的提高在一定程度上依赖于顾客的口碑营销，因此为了争相扩大产品占有率和提高品牌知名度，在企业产品差异不大的市场环境下，各个企业必然会以低价作为“俘虏”消费者的重要战略，这样的竞争格局大大降低了企业的利润空间。

4）行业秩序尚不规范，熟练技术工人数量较少

目前艺术玻璃行业没有规范的行业进入标准和退出机制，在整个行业欣欣向荣的大环境下，新加入的企业对产品的模仿大过对产品的创新。产业链中尤其是行业上游需要进一步的规范化，主要体现在原料供应商数量多且杂，不利于保证各个企业对原料供应的品质要求和连续性。艺术玻璃制作机器更多的是依附于其他机械的改造而不是由专业的制造厂商研究生产。此外，由于整个行业从业的技术工匠较少，文化水平也相对较低，具有娴熟技艺的工匠具有较大的市场流动性，主要流向给予薪酬福利更高的企业或者自立门户，从而加剧了行业内的同质化产品竞争，增加了行业系统性风险。

6　基于 SWOT 分析的企业战略分析

基于 SWOT 分析的企业战略分析如表 1 所示。

表 1　企业战略分析

外部环境	优势（S）	劣势（W）
	（1）工贸一体化运营格局 （2）技术先进研发能力强 （3）科学规划产业布局 （4）并购 Bergdala 玻璃工厂和美国 MOVA 科技公司，引进学习海外先进技术	（1）产品体系不完善、优势产品不突出 （2）规模生产能力有限 （3）企业品牌知名度在全国较低
机会（O）	SO 策略：发挥优势、利用机会	WO 策略：利用机会、克服劣势
（1）艺术玻璃行业成长性好 （2）可以学习欧美国家或地区先进经验 （3）消费结构升级，注重品质 （4）当地政府的扶持	（1）充分利用已有资源 （2）注重高品质产品的开发 （3）扩大市场规模	（1）以消费者需求为导向，完善产品体系 （2）整合优势资源，扩大生产规模 （3）利用海外资源优势打造品牌
威胁（T）	ST 策略：利用优势、规避威胁	WT 策略：减弱劣势、规避威胁
（1）艺术玻璃产业地域性强 （2）消费者意识觉醒，变化快、要求高 （3）价格战压低企业利润 （4）行业内技术性人才相对缺失	（1）利用已有优势，主攻目标人群市场，先取“人”再夺“地” （2）进一步提高产品附加值，避免打价格战	（1）加强营销先依托本地做大品牌 （2）加强市场监测，发展新产品，以此规避需求变化快的问题 （3）完善内部建设和福利保障，确保员工的稳定性

6.1　SO 策略：发挥优势、利用机会

1）充分利用海外技术，奠定企业在艺术玻璃行业的领导者地位

在企业的快速扩张过程中，卡莎·慕积极进行海外产业布局，对瑞典百年品牌Bergdala玻璃工厂和美国MOVA科技公司的并购使得企业在海外市场有了一定的影响力，同时也通过对海外先进技术的引进、消化、再吸收，促进了产品的创新。企业在生产经营过程中，应当注重企业产品、海外先进的制作技术与中国传统文化之间的融合，以不断的产品创新吸引企业的忠实粉丝、触动市场的潜在消费者，在保证企业原有市场占有率的基础上不断地开拓新消费群体，增加产品的使用量，从而尽可能地占据市场领导者的地位。同时，行业领导者在行业中可以

以第一进入者的优势在消费者面前形成良好的企业形象，便于在行业发展过程中制定相应的行业规范，始终保持企业在发展过程中先发制人的优势地位。

2）集中企业研发设计能力，专注于高品质产品的开发与推广

自主研发的无铅水晶技术、光能自转马达技术和多项国家专利是卡莎·慕在产品上不断创新的结果，也是卡莎·慕始终坚持精湛工艺理念的结晶。高品质的产品更强调在满足消费者基本需求的基础上，追求产品能够带来的附加值，包括产品的设计、美观程度、环保效果等。以卡莎·慕的“无铅蓝边水晶杯”为例，“蓝边水晶杯”采用无铅水晶制作，杯沿的蓝边设计可以有效地驱赶蚊虫，从而可以保证人们对健康生活的高标准要求，但是由于产品不能承受高温，这在一定程度上限制了产品的广泛应用。因而企业需要集中研发能力，通过产品的浅口设计和耐高温无铅材料的研发应用，扩大市场的占有率。对于生活用品，注重基础功用与美观的结合，尤其需要注重生活用品的基础功能而非美观性。对于纯粹的工艺美术品，则需要注重设计所带来的艺术性和附加价值，全方位地掌控各类产品线的发展特征，始终坚持高品质产品路线。

3）充分利用当地政策优势，“滚雪球”式地域扩张

作为大连市政府扶持的重点产业，卡莎·慕可以充分利用政府在土地、资金、税收、人才政策上的优惠。一方面，当地政府政策的支持较大地降低了企业的生产经营成本，免除了卡莎·慕拓展国内外市场的后顾之忧，大大地增强了其竞争优势。另一方面，大连市普湾新区正在积极地加强当地的基础设施建设，××大桥和高铁的建设，大大缩短了旅客集散中心到玻璃小镇的距离，逐渐完善的交通网络也便利了周边地区的互通往来。因而，依托于当地政府的大力支持和大连市深厚的产业基础，卡莎·慕可以以大连市为中心辐射周边其他省市，利用相近的地理位置和较为相似的生活习惯逐步稳固占领北方市场，实现其“滚雪球”式的地域扩张。

6.2 WO 策略：利用机会、克服劣势

1）加强对技艺工人的培训与机器研发，扩大企业生产规模

由于娴熟技术工人的人数有限，使得卡莎·慕在企业扩张的过程中速度相对缓慢。然而艺术玻璃行业作为新兴行业，具有巨大的市场潜力。在众多中小企业力争上游的过程中，卡莎·慕亟须扩大企业的生产规模来巩固企业现有的市场。

而扩大生产规模首先在于玻璃艺术培训学校的建设，通过娴熟技术工人“师傅带徒弟”的培养模式，在一定程度上可以缓解卡莎·慕的人才紧张问题，但是由于艺术玻璃行业的不规范和激烈竞争，娴熟技术工人的流动性相对较高。因此卡莎·慕同时需要加强相关机器的设计与研发，加强产品的自动化生产，增强企业的生产能力，从而满足不同消费群体的多样化需求。此外，艺术玻璃生产机器的研发设计也拓展了企业的生产链，不仅保证了企业生产经营的安全性，也进一步加强了企业在艺术玻璃行业的领导地位。

2）完善产品体系，全方位满足消费者的产品需求

目前企业产品主要是以工艺美术品为主，产品功能集中在灯饰、花瓶和艺术摆件，与市场上同类企业相比相似度较高，在产品风格上主要以国外的现代风格为主，较少与当地文化或者中国传统文化的风格特征相融合。根据企业未来的产业规划，企业在原有产品线的基础上，可以在表彰奖杯、玻璃艺术餐具、具有本土特色的旅游纪念品、通过旅游体验定制产品等系列进一步完善。而在风格上则可以从中国传统文化的角度出发，将中国传统的具有市场号召力的形象，如十二生肖纳入玻璃制品的产品线中，促使企业产品在各个细分市场能够精准地迎合消费群体的需求。

3）充分利用海外企业优势，加强企业品牌建设与管理

2010 年卡莎·慕全资并购瑞典百年品牌 Bergdala 玻璃工厂，Bergdala 玻璃工厂源自北欧瑞典斯莫兰省的“水晶王国”（The Kingdom of Crystal），是世界上最古老的水晶工坊之一。历经百年发展，Bergdala 玻璃工厂因其用料名贵、造型丰富、设计灵动、工艺纯正、环保健康而在欧洲极负盛名，同时也使得卡莎·慕在产品的设计研发方面得到了极大的提高。因此，在国内的品牌建设与营销中，在尽可能地强调国际品牌与卡莎·慕自身发展理念一致性的同时需要企业将其融入特色鲜明、简单易记的商标中，为企业产品塑造品质的灵魂，再辅之以良好的售后服务，进而成就卡莎·慕的百世名品美誉。

6.3 ST 策略：利用优势、规避威胁

1）集中企业力量占领全国目标人群市场

利用企业本身的优势和在大连市的知名度，卡莎·慕可以以大连市主要目标消费群体——白领人士和高净值人群为中心，扩大企业在目标消费人群聚集地的

营销范围，以优质的产品赢得目标市场群体的认可，从而站稳在东北地区的市场地位。在未来的企业发展路径中，需要丰富企业互联网营销手段，从而获得全国目标消费群体的认识和关注，加强卡莎·慕的品牌知名度。此后，则可以实施以人为中心的“圈地运动”，加强对目标市场的市场细分，针对各个细分市场人群进行精准营销，以此规避交通不便、需求变化快、同业竞争强等问题。

2）向技术和品牌要效益，提高产品附加值避免打价格战

卡莎·慕一直处于行业领导者的优势地位，但是艺术玻璃行业的新进入者异军突起，如果每个新进入者针对卡莎·慕的细分市场进行角逐，由于艺术玻璃产品的同质性相对较高，卡莎·慕为了在各个细分市场的占有率和第一进入者优势不免会陷入价格战的困境。因而，卡莎·慕在企业产品的研发过程中，需要着重在保持企业产品独特性的基础上实现小范围的规模经济。此外，亟须加快企业的宣传与推广，使卡莎·慕在全国形成一定的品牌知名度，品牌资产作为产品附加值的重要组成部分，最能区别于同业竞争者。

6.4 WT 策略：减弱劣势、规避威胁

1）加强营销，依托本地做大品牌

目前卡莎·慕的品牌影响力在地域上有一定的优势，但在全国并未形成广泛的知名度，所以现阶段企业自身需要积极加强品牌建设的推广，通过品牌效应增强企业的经济效益。结合企业的产品理念，卡莎·慕在建设品牌的过程中可以充分利用本地优势进行地域突围，加强卡莎·慕精益求精的生产理念在本地市场的影响力，在线下构建以政府为宣传主体，以本地市场群体为辅助的宣传体系，加强卡莎·慕的“走出去”。在互联网信息快速传播的时代，企业也需要加强在网上的宣传力度，从而扩大企业在全国的品牌影响力，以此规避因交通不便而形成品牌地域化问题。

2）加强市场监测，发展新产品，以此规避需求变化快的问题

由于艺术玻璃产品比较容易模仿，以及较低的行业门槛使得产品日益趋向于同质化，而同类产品的过剩容易引起企业之间的恶性竞争。因而，卡莎·慕在生产经营过程中，需要加强对市场产品的监测，减少企业自身与同类竞争者的直面冲突。此外，也需要建立快速的市场-研发反馈体系，从而促进产品的更新换代和产品体系的完善，保证新产品的开发符合市场需求，以此规避需求变化快的问题。

3）完善内部建设和福利保障，确保员工的稳定性

完善和加强企业内部管理体系建设，尤其在人才引进和留存方面，主要是由于艺术玻璃行业还未形成规范的行业体系，设计研发人才和技术工人都具有较大的流动性，因而，企业需要加强人才队伍的薪酬福利体系建设，解决企业员工的后顾之忧。根据马斯洛需求理论，在满足企业员工基本需求的基础上，分别对企业不同的人才设置不同的激励政策，以保证企业人才供给的可持续性与稳定性，从而保证企业发展的持续性与稳定性。

6.5 基于通用电气公司矩阵法对卡莎·慕的企业分析

根据本文的行业分析，艺术玻璃行业是一个具有相当大潜力的朝阳行业，具备良好的吸引力，然而，不同艺术玻璃企业的业务竞争力却大不相同。因此，本文根据各个艺术玻璃企业的特点大致勾勒出艺术玻璃产业和艺术玻璃企业的通用电气公司矩阵图，如图 3 所示。作为艺术玻璃行业的市场领导者，卡莎·慕需要扩大企业的投资规模，从而保持现有市场份额、扩大市场需求总量和提高市场占有率，始终保持企业在市场上的主导地位。

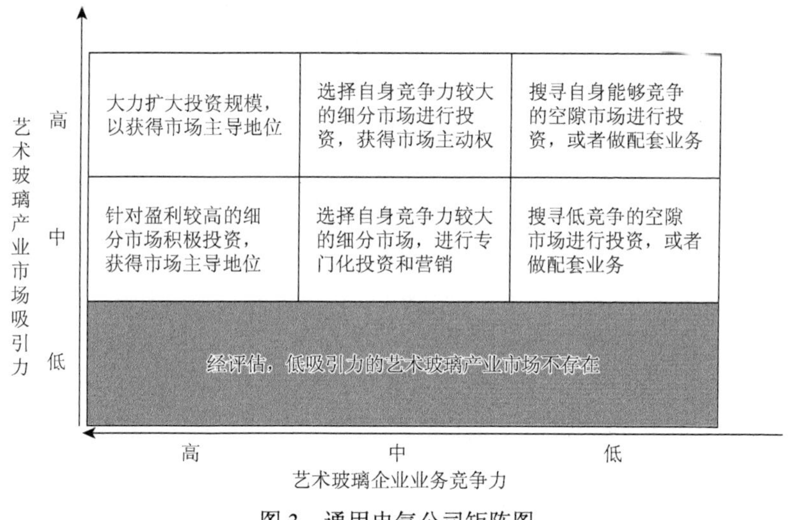

图 3 通用电气公司矩阵图

7 卡莎·慕国际化策略分析

经济全球化不断深化，而跨国企业作为国际市场活动的重要载体，对生产要

素在全球的流动起着导向性作用。利用国际市场优化资源配置、拓展市场空间是一个跨国企业持续发展的必经之路。放眼全球艺术玻璃行业市场，一方面，我国艺术玻璃企业处于一个比较滞后的阶段，生产工艺和产品质量仍需要接受国际市场的检验，以及引进国外先进技术，提高国内制造工艺；另一方面，国内艺术玻璃市场份额有限，开拓国际市场是企业拓展市场份额的题中之意，进而为企业建立良好的品牌形象，提高企业的无形资产价值。

7.1　艺术玻璃企业配置海外子公司股权比例的因素分析

艺术玻璃企业进军海外，如果进行投资或者兼并海外企业，应该持有多大股权比例，并依据哪些影响因素做出决策呢？企业配置海外子公司股权比例的因素，在不同的情况下会有不同的影响。当企业的海外子公司所在地区的环境不确定性因素较多时，母公司适合采取低股权比例。反之，在不确定性弱的情况下则可以采取高股权比例。其中，影响高股权比例的主要驱动因素有 5 个：海外子公司战略地位重要、关键技术与知识需要保护、进入的产业状况好、母公司谈判能力强大、母公司跨国经验丰富。而配置低股权比例的驱动因素则是：获取互补性资源的需求大、海外子公司经营易于管理、经营不确定性强、东道国环境复杂、需绕过进入壁垒等。以上分类的因素对配置股权比例的影响，在逻辑上契合双螺旋结构的内在机理，为此，构建出“母公司配置海外子公司股权比例驱动因素的双螺旋模型”，如图 4 所示。卡莎 • 慕在海外市场扩张中主要采取高股权比例的经营模式，如在 2010 年全资控股并购瑞典 Bergdala 玻璃工厂，此后又在 2013 年并购美国 MOVA 科技公司，控股比例达到 53%。

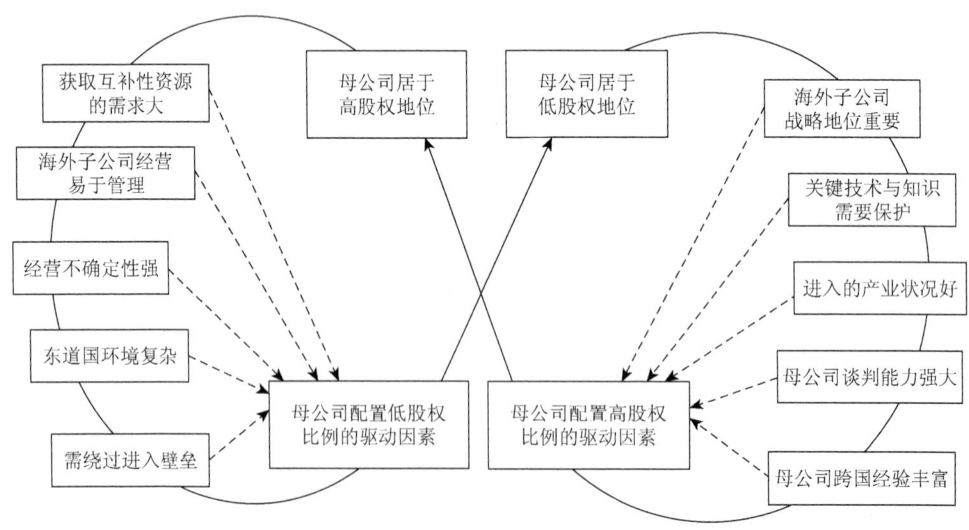

图 4　母公司配置海外子公司股权比例驱动因素的双螺旋模型

具体而言瑞典 Bergdala 玻璃工厂和美国 MOVA 科技公司分别所在的国家，艺术玻璃行业历史悠久，发展得相当成熟。自 14 世纪起欧洲的艺术玻璃工业于文艺复兴运动时期开始进入繁荣时期，而美国的艺术玻璃产业也在 20 世纪 60 年代开始盛行，相对中国而言艺术玻璃产业在发达国家已经比较成熟，企业生存的环境稳定性、可持续性好。因此，卡莎·慕所在国的海外子公司的产业状况良好。

同时，本文在 SWOT 的机会分析中提到，发达国家的艺术玻璃产业也处于转型升级阶段，本国的产品供给不能够完全满足市场需求，卡莎·慕设立海外子公司，可以充分利用子公司拥有的生产设备，扩大生产规模进而提高企业在国际市场的占有率，不仅大大提高了企业的盈利能力，也很好地避免了企业的投资和经营风险。此外，利用海外子公司的竞争优势可以更好地发挥企业的后发优势，主要表现为卡莎·慕在形成乃至设计工业化模式上的可选择性、多样性和创造性。有了欧美发达国家或地区的前车之鉴，卡莎·慕可以借鉴其经验教训，在较短的时间内探索、设计出更加优化的发展路线，避免或少走弯路，从而赶超发达国家。

艺术玻璃产品作为艺术品，先进的制作工艺有助于保持企业的核心竞争优势，进而赢得消费者的青睐。在国内艺术玻璃企业百舸争流的时代，保护企业的制作工艺就是保持企业的核心竞争能力。当海外子公司贡献的技术与知识极为重要时，母公司就倾向于采取高股权比例，技术与知识需要保护的程度越高，这种倾向越强烈。例如，美国 MOVA 科技公司拥有全世界独特的专利技术（美国宾州大学著名物理学家 Bill Frech 的伟大发明）——光能自转马达技术，现有产品畅销全世界。卡莎·慕并购后就可以让母公司在中国拥有独家销售代理权。

综上所述，卡莎·慕的高股权配置是符合企业发展战略要求的，是拓展海外市场战略要求、保护核心技术不外流，以及良好的行业发展状况等多个影响因素共同作用的结果。

7.2 艺术玻璃企业海外经营管理的“类型—战略”匹配整合

通过并购获得海外市场与技术是卡莎·慕的战术手段，卡莎·慕如何在国际市场占有一席之地及提升国际化程度取决于卡莎·慕如何选择国际化战略。在以往的学术研究中，大多数学者对于新兴市场国家的公司分类问题，一般会根据国际多样化和所有权类型把跨国公司分为四类，即多国战略、国际战略、地区战略和跨国战略。结合卡莎·慕的发展情况，本文采用“类型—战略”分析法来选择与卡莎·慕相匹配的国际化战略。本文在标准的四种分类思路基础上，更多地融入艺术玻璃企业的具体情况，强调针对性和实践性，对艺术玻璃企业进行分类和战略匹配。为了能够说明这种多样化的情况，本文采用多档次的分类研究方法——9格矩阵分类（图5）。

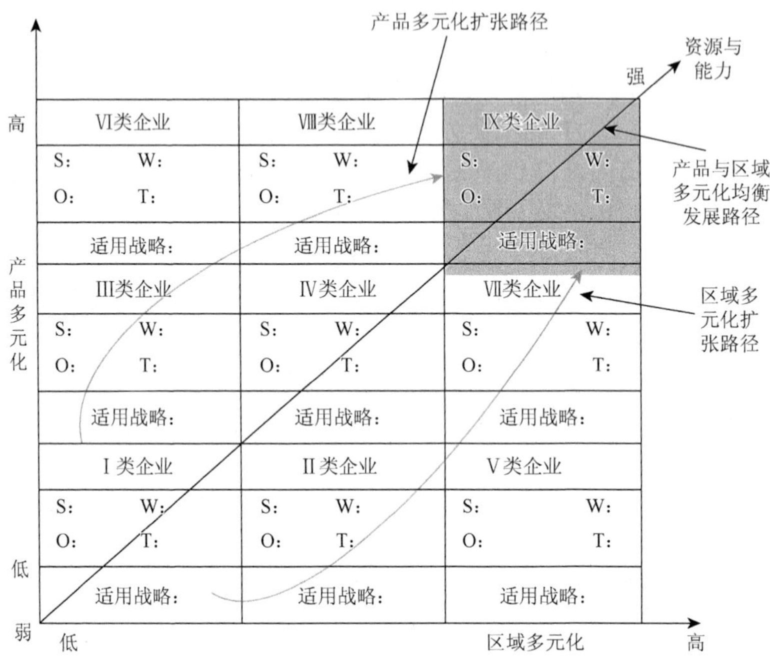

图5　资源与能力—产品/区域多元化矩阵

资源与能力—产品/区域多元化矩阵反映的主要管理含义为：把艺术玻璃企业按照三个维度［资源与能力的强弱（斜轴）、产品多元化的高低（纵轴）、区域多元化的高低（横轴）］分为九大企业类型（Ⅰ类企业，Ⅱ类企业，……，Ⅸ类企业）；Ⅸ类企业的资源与能力很强，产品/区域多元化很高，显然这是一家实力强大、产品齐全、市场遍及全球的大型企业，该类型的企业是艺术玻璃企业长远发展的目标，在图中用底影标出；艺术玻璃企业向跨国经营的目标进行迈进，可以选择三条路径：一是产品多元化扩张路径，企业依次演进的次序大致为Ⅰ→Ⅲ→Ⅵ→Ⅶ→Ⅸ；二是区域多元化扩张路径，企业依次演进的次序大致为Ⅰ→Ⅱ→Ⅴ→Ⅶ→Ⅸ；三是产品与区域多元化均衡发展路径，企业演进的次序大致为Ⅰ→Ⅳ→Ⅸ；演化路径有利于艺术玻璃企业寻找到国际化的发展方向。

根据本文对卡莎·慕的分析，可以知道卡莎·慕目前产品体系还不够完善，产品种类也不够齐全。但相对于国内其他艺术玻璃企业而言，卡莎·慕积极开拓海外市场促使其地域多元化的程度较高。卡莎·慕作为艺术玻璃行业的领导者，在企业工贸一体化的生产经营格局下，也具备相应的资源和能力。因此，卡莎·慕在图 5 中可以归类为Ⅴ类企业，结合本文 SWOT 分析，在此我们探讨卡莎·慕国际化所适用的战略。

7.3 卡莎·慕国际化战略的分析、选择与设计

1）卡莎·慕国际市场国际化战略的总目标

通过对企业的调研和 7.2 节分析，并且综合考虑企业现有的资源与能力，本文将卡莎·慕的国际化战略总目标定位为：国际一流艺术玻璃产品与服务的方案解决商。对比企业在产品多元化和区域多元化的发展路径，区域多元化战略更有助于卡莎·慕在国际市场的占有率。主要步骤如下：

第一步，扩大国内生产规模，巩固企业在国内市场的主导地位，为企业开拓国际市场提供强有力的坚实后盾。

第二步，根据现有的海外生产基地实施内部化扩张和外部化扩张战略，获得资本、技术和渠道优势，逐渐占领海外市场，建立海外统一品牌。

第三步，以产品为核心，以品牌为支撑，以服务为手段，成为国际一流艺术玻璃产品的全方位方案设计供应商。

2）结合 SWOT 分析的市场扩张战略选择

结合 SWOT 分析的市场扩张战略选择如表 2 所示。

表 2 SWOT 分析

S（优势）	W（劣势）
①该类艺术玻璃企业的资源与能力比较强大，技术、管理、资金、人力资源市场营销能力都有很强的竞争优势；②产品往往具备较高的性价比，主要原因是该类艺术玻璃企业可以通过标准化程度很高的大规模生产，实现较低的生产成本；③R&D 基地或生产基地位于母国，或者位于重要子公司所在的东道国，受总部控制程度较高；④全球产业链纵向整合程度高，母公司与子公司之间、各子公司之间的关联程度高，保障了很高的协同效率	①该类艺术玻璃企业产品线单一，产品种类很少，缺乏产品线宽度；新产品开发能力相对薄弱；②生产的标准化程度高，难以使产品满足多类顾客的需求，增加特定市场份额的能力不足；③由于研发集中程度高，对多个市场的信息反馈链条长、时滞长，信息扭曲大，容易错失市场机会，也难以高准确性地满足顾客需求；④当消费者的需求发生变化时，进行战略调整的速度慢
O（机会）	T（威胁）
①该类艺术玻璃企业的区域扩张能力强，艺术玻璃产业作为欧美国家或地区的传统产业面临传承危机，该类艺术玻璃企业可以迅速地把已有产品打入新市场；②如果加强产品种类的开发，能够开发出新的产品种类，容易大幅度地扩大经济规模和提升利润总量；③对于需求特性比较稳定的消费群体和细分市场，可以较长时间地分销同一产品，有利于减少运营成本；④在已经立足的市场，如果需求多样化增强，比其他企业能够更迅速地以新产品占领市场	①由于产品种类少，受产品升级换代和现行产品丧失市场份额的威胁很大；②当现行产品出现强大的竞争对手时，艺术玻璃企业进行竞争的手段较少，往往被逼通过降价进行竞争，容易遭受亏损；③产品开发一旦不被市场接受，投向市场的损失比别的企业更大；④当生产成本在各个国家之间发生变化时，转移到低成本国家比较困难，反而受害于高成本陷阱

（1）市场进入战略

国际市场的开拓，一般可以分为贸易进入模式、契约进入模式和股权进入模式。艺术玻璃产品由于其独特性和易碎性，难以实现大规模的进出口贸易。我国艺术玻璃行业起步晚，在技术与管理模式上不具有相对优势，也难以通过契约贸易的方式开拓国际市场。因而在国际市场上，可以优先通过绿地投资、收购兼并和战略联盟的方式进入国际市场。

卡莎·慕作为国内领先在海外市场布局的企业，在股权进入模式方面已经积累了一定的经验，但是公司仍然以收购兼并的方式为主。对于东道国市场很重要的子公司，卡莎·慕应该增加其运作的灵活性和自主性，同时以自身的资源和能力优势为支撑，在海外艺术玻璃市场出现“传承断裂层”时顺势而为。在“互联网 + ”的智能化时代，充分利用“大数据”“云计算”对各类细分市场的消费者进行深度挖掘与分析，并进行实时反馈，尽量缩短消费诉求与产品研发设计上的时滞性，提前对消费者的消费习惯和消费心理进行预测，保证产品与市场的紧密联合。然后不断进行市场细分，满足消费者的多样化需求。

同时，针对海外众多的艺术玻璃企业，还可以通过战略联盟的方式实现资源共享与渠道拓展。在选择战略联盟伙伴时，应该更加注重与生产差异化产品的海外企业结成销售联盟，一方面避免因为企业销售同质化产品造成恶性竞争，而形成“两败俱伤”的结果；另一方面通过企业的“强强联合”，分享新的销售渠道来扩展现有销售体系，了解新的需求信息，当出现利润潜力大的关联产业时，适时进军该产业。

（2）市场扩张战略

根据艺术玻璃产品的行业特征，卡莎·慕可以积极推行差异化战略和专一化战略。差别化战略是将产品或公司提供的服务差别化，树立起一些全产业范围中具有独特性的东西。例如，积极实施当地化战略，融入当地文化和风土民情，或者将中国传统文化与玻璃艺术相结合，使欧美现代主义风格和传统中式古典风格并驾齐驱，在艺术玻璃产品中充分展现世界各地的人文气息，塑造独特的品牌形象。

专一化战略是主攻某个特殊的顾客群、某产品线的一个细分区段或某一地区市场。基于欧洲地区现有的控股企业，当现行市场的需求行为比较稳定时，该类艺术玻璃企业可继续强化现行产品的销售。但是，如果发现需求行为发生较大变化，应及时进行产品调整，并对市场不断进行细分。其中，企业应该注重发掘具有“保龄球效应”的重点消费群体，以点带面，不断加强企业的影响力。具体而言，在日新月异的互联网经济时代，根据细分市场的消费诉求不断深化企业产品线，甚至可以实现客户的“定制化”需求，从而最大限度地满足消费者的个性化要求。

占有一定的国际市场份额后，如果国际艺术玻璃市场出现较大的增长空间，众多艺术玻璃企业都意图进行积极扩张时，卡莎·慕则适宜于推行产品多元化战略，因为该类艺术玻璃企业已经通过区域或地理多元化在区域市场的扩张基本饱和。此外，卡莎·慕还可以对具有与本艺术玻璃企业产品有关联的、产品种类较多的海外企业进行并购，从而增加企业产品的产品线宽度。

8 结　语

艺术玻璃产业兼具艺术性和功能性，作为平板玻璃产业升级的重要出口，是我国的新兴朝阳产业，有着良好的发展前景。伴随国内消费结构的升级，艺术玻璃产品也将迎来新的商机。而我国的艺术玻璃产业起步较晚，在企业规模上以中小企业为主，行业发展尚不成熟，艺术玻璃产品的同质化程度较高。卡莎·慕作为众多艺术玻璃企业的“领头羊”，已经形成工贸一体化的产业格局，并且领先在欧美等发达国家或地区收购子公司，形成战略制高点。企业在研发能力、生产经营与资源整合上都有一定的优势。但是卡莎·慕目前仍然不能实现规模化生产，生产能力不能满足市场需求，其中最主要的原因在于艺术玻璃产品仍然依赖于人工与机器二者的结合，“师傅带徒弟”的培养模式造成娴熟技术工人的相对缺乏，从而使艺术玻璃企业的生产规模难以大幅度扩张。同时，国内艺术玻璃产品还未形成品牌效应，虽然是国内艺术玻璃企业的领导者，卡莎·慕仍未在全国形成广泛的知名度。

针对艺术玻璃产业现有的问题，从宏观角度而言，首先，政府应当完善艺术玻璃行业的法律法规，规范艺术玻璃行业的发展秩序，根据艺术玻璃行业的特点制定一套科学有效的发展体系。除了政府强制性的管理措施，也要加强行业协会监督管理对企业的自律性规范，从研发设计、生产经营到人才培养都充分发挥行业协会的作用。由于行业特性，行业协会应当加强对产品设计的专利保护，从而防止行业产品过于同质化，还应当设立技术工人统一考核制度，规范技术人才在行业企业之间的流动，为我国艺术玻璃产业的发展创造一个良好的环境。

其次，政府应当规定技术工人的最低薪酬待遇，提高我国蓝领技术工人的社会地位，完善社会保障体系。艺术玻璃行业作为颇具艺术性的行业，国家应当鼓励更多有文化有知识的年轻人投入行业建设中，而我国长期以来蓝领技术工人较低的社会地位无法吸引素质相对较高的人才，因此政府需要在观念上加以引导，在政策上予以支持，从而形成良好的产业环境，促进艺术玻璃产业的良好发展。

从企业的角度而言，首先，卡莎·慕应当强化市场营销，在观念上与国际接轨，在方式上进行创新，形成品牌的第一进入者优势。因此，卡莎·慕应该科学地进行品牌定位，对市场进行深度挖掘，可以分别通过“滚雪球”式和“保龄球”式的营销方法提高品牌知名度。同时，还要充分利用“大数据”分析消费者的心理特征，加强企业产品的差异化，从而不同程度地满足各类消费者的利益诉求，不仅可以形成一批忠实的产品粉丝，也可以促进品牌经营与提升企业核心竞争力的良性互动。

其次，艺术玻璃产业的发展仍然比较依赖于娴熟技术工人，因而卡莎·慕在现阶段还需要注重技术人才的批量化培养，摒弃传统“师傅带徒弟”的低产化培养模式。此外，艺术玻璃产业作为一个相对人文化的行业，还需要提高娴熟技术工人的知识储备与基本素质，从而促进产品技术性与艺术性的良好融合。与之相伴随的还要提高薪酬待遇，完善公司福利及保障体系，一方面可以吸引更多的专业性人才到公司，改变艺术玻璃企业“各自为政”的局面；另一方面可以解除艺术玻璃工人的后顾之忧，提高公司的经济效益。